読み方・使いこなし方のコツがわかる

The Easiest Textbook
of Clauses and Precedents

日本一やさしい
条文・判例の
教科書

品川皓亮【著】
Kosuke Shinagawa

土井真一【監修】
Masakazu Doi

日本実業出版社

はじめに

　早速ですが、みなさんは条文と判例についてどんな印象をおもちでしょうか。「大切なのはわかっているけど、つい疎かにしてしまいがち」という人も、少なくないと思います。

　本書の目標は、読者のみなさんが**条文と判例を使いこなせるようになる**ことです。詳しくは後述しますが、これは、条文と判例を使って説得力のある議論を展開できることを指しています。法律を学ぶみなさんにとって、このことが大きな武器になることは間違いありません。

　一般的には、条文と判例を使いこなすための技術は、民法や刑法といった個別の法律を勉強するなかで徐々に習得していくものとされています。私自身も、その例外ではありませんでした。

　しかし、このような従来のやり方は必ずしも効率的な方法ということはできません。むしろ、**法律の勉強を本格的に進める前に、条文や判例そのものについて少しでも学ぶ**ことによって、その後の勉強効率がアップし、より大きな成果を上げることが期待できます。そのような条文と判例についての学習を手助けするために、本書を執筆しました。

＊　　＊　　＊

　本書は、これから本格的に法律の勉強をしようとしている法学部生や資格試験受験者を対象としているため、条文と判例の基礎的な知識から説明を始めています。また、司法試験でも役立つレベルの応用的な工夫やコツについても、具体例を交えて解説しています。したがって、条文と判例については、**本書を読むことで基礎から応**

用まですべてをカバーすることができます。

　そして、内容は初学者にとって本当に必要なものだけに絞り込み、**できるだけ簡潔な記述**を心がけました。また、本文には**多くのイラストを添え**、むずかしい**概念も直感的に理解**できるように工夫しています。

　本書を用いてみなさんが楽しく学んでくださることを、条文ぼうや・判例キング・学説おじさんとともに、心から祈っています。

＊　　＊　　＊

　最後になりましたが、本書の執筆にあたり、監修を引き受けてくださった京都大学大学院法学研究科の土井真一教授をはじめ、多くの方々に貴重なご意見をいただきました。また、前作に引き続き日本実業出版社の編集部の皆様には、大変お世話になりました。この場を借りて、心よりお礼申し上げます。

　平成26年12月

品川皓亮

〈第3刷によせて〉

　平成27年の初版から刷を重ね、今回、第3刷に到りました。これもひとえに読者の皆様のおかげであり、この場を借りて御礼申し上げます。

　この第3刷の機会に、一部の条文を令和2年4月から施行される改正民法の条文に修正いたしました。この点、お含みいただけたら幸いです。

　令和元年12月

品川皓亮

目 次
日本一やさしい条文・判例の教科書

はじめに

第 1 部
準備編

STEP 1 法の全体像をつかもう
- その1 法律家の3つの武器 …………………………… 12
- その2 法を分類する視点
  ──ざっくり分けるとよくわかる！ ……………… 20

STEP 2 条文・判例を使いこなそう
- その1 条文と判例の大切さ
  ──あなどっていると痛い目に ………………… 26
- その2 条文・判例を使いこなすとは？ …………… 29

第2部 条文編

STEP 3 法令の全体像をつかもう

その1 法令の種類
　　　──成文法主義の主役たち……………………36

その2 法令相互の関係
　　　──法秩序をつくる3つのルール……………43

STEP 4 条文を読んでみよう（1）
　　　── 条文読解の基礎知識

その1 法令の構造
　　　──4つのパート………………………………52

その2 任意規定と強行規定
　　　──従わなくてもよい条文？…………………54

その3 条文の構造
　　　──条文を分解してみよう……………………58

その4 特別な役割や意味をもつ規定……………64

| その5 | 法令解釈
　　　——条文を120%活用する方法 …………………… 69

STEP 5 条文を読んでみよう（2）
　　　—— 頻出用語をスッキリ解説！

| その1 | 接続詞
　　　——文や語句をつなげることば …………………… 78

| その2 | 数量や前後関係を表わすことば
　　　——「以」の文字に注目しよう！ ………………… 86

| その3 | セットで覚える頻出用語
　　　——「違いのわかる人」になろう ………………… 88

STEP 6 条文に強くなろう
　　　—— 条文読解のコツ

| その1 | 条文を読むコツ（1）
　　　——条文を分析するクセをつけよう ……………… 104

| その2 | 条文を読むコツ（2）
　　　——長い条文を理解するテクニック ……………… 107

| その3 | 条文を読むコツ（3）
　　　——条文を「見える化」するテクニック ………… 112

| その4 | 勉強のコツ
　　　——条文を「使える武器」にする ………………… 118

| その5 | 六法の種類と条文の探し方 …………………………… 126

第 3 部

判例編

STEP 7 判例のことを知ろう
―― 判例理解の基礎知識

- その1 判例とは何か……………………………………134
- その2 判例の拘束力
  ――事実上の拘束力とは何か？……………138
- その3 判例を読む前に（1）
  ――三審制と最高裁判所………………143
- その4 判例を読む前に（2）
  ――判決文の構造…………………147

STEP 8 判例に強くなろう
―― 判例理解のコツ

- その1 よくある失敗例
  ――こんな人は要注意！………………156
- その2 事案を把握する3つのチェックポイント………158

| その3 | 判決文を読むコツ ……………………………… 163
| その4 | 判例学習のツール …………………………… 173
| その5 | 判例学習の3レベル
　　　　——目的と重要度に合った学習法 ……………… 179

STEP 9　実際の判例に挑戦しよう
　　　　——判例学習実践編

| その1 | 民法判例を読む
　　　　——多彩なバリエーションを知ろう！ ………… 184

| その2 | 刑法判例を読む
　　　　——「コツ」はこう使う！ …………………… 190

| その3 | 憲法判例を読む
　　　　——従来の理解は正しいか？ ………………… 198

さくいん

主な参考文献

カバーデザイン
井上新八
本文デザイン・イラスト・DTP
初見弘一

キャラクター紹介

条文ぼうや

条文を味方につければ、法律の勉強が一層楽しくなりますよ！

六法全書から飛び出した妖精。学生が頻繁に条文を引いてくれると喜ぶ。

判例キング

判例を使いこなして、君も法律界のキングになろう！

最高裁判所の奥に住んでいる妖精。「判例は実務を支配する」という格言を聞いてから、自分のことをキングと呼び始めた。

学説おじさん

学説を勉強するためにも、条文と判例の理解が欠かせません！

もともと大学教授だったと噂されるおじさん（人間）。この本では登場回数が少なく寂しがっている。

第 1 部

準備編

............Gakusetsu-ojisan............

STEP 1

法の全体像を つかもう

その1 法律家の3つの武器

■法律家の仕事――法を用いて紛争解決

　この本を手にしているみなさんは、今、まさに法律の勉強をしている方々だと思います。法律の専門家のことを**法律家**と呼びますが、法律の勉強とは、法律家の仕事を知ることだといってよいでしょう。

　では、法律家の仕事とは一体何でしょうか？　結論からいうと、**法律家の仕事とは法を用いて紛争を解決する**ことです。

　人間の社会において、私たちは、一生ほかの誰とも関わりをもつことなく生きていくことはできません。そして、多くの人々の集合体である社会では、必ず紛争（もめごと）が起こります。

　このとき、円滑な集団生活を成り立たせるためには、どうにかして紛争を解決する必要があります。その際に**紛争解決の手段として用いられるルールのことを「法」**と呼びます。

　そして、法律家が紛争を解決するためには、説得力のある根拠や理由づけが必要となります。その根拠として用いられるのが、これから説明する**法律家の3つの武器**なのです。

対立　→　法律家　→　解決！

3つの武器とは何か

　法律家は、**条文・判例・学説**という3つの武器を駆使して、紛争を解決していきます。まずはこの3つの武器の解説から、勉強を始めていきましょう。

> ①条文——あらかじめ文章として定められたルール

　1つ目の武器は**条文**です。条文とは、**法律や政令などに箇条書きの形で記載された文章**のことをいいます。

　先ほど、法は社会の紛争を解決する手段として用いられるルールであると説明しました。そして、ルールがあらかじめ文章として定められていることにより、国民はこのルールに従って行動することができるとともに、これが公平な基準となり実効的な紛争解決が期待できます。その**あらかじめ文章として定められたルール**こそが、条文に他ならないのです。

　条文は、法的な議論の最も基本的な根拠となります。そのため、**法的な議論はいつも条文から始まる**ということをしっかりと覚えておいてください。

②判例──最高裁判所による法律的判断

2つ目の武器は**判例**です。判例の意義についてはさまざまな考え方がありますが、ここでは、判例とは**過去のある事件**において**最高裁判所が示した法律的判断**のことをいうと理解しておいてください。

先ほど説明したとおり、法的な議論は条文から始まります。しかし、条文は適用される場面を限定し過ぎないため、ある程度抽象的に定められているのが一般的です。そのため、社会には条文を文字どおりあてはめるだけでは解決できない問題が数多く存在します。

たとえば、次のケースを考えてみてください。

> **ケース**
>
> Xは道を歩いていた女性に背後から近づき、肩まで伸びていた女性の毛髪の大部分をハサミで切り落とした。Xに傷害罪（刑法204条）が成立するか。

刑法204条は、「人の身体を傷害した者は、15年以下の懲役又は50万円以下の罰金に処する」と定めています。ここでは、女性の毛髪を切断したXの行為が、この条文の「傷害」にあたるかどうかが問題となります。

　日本語の一般的な意味に従い、傷害とは怪我を負わせることをいうと考えれば、この女性は怪我をしたわけではないため、Xの行為は「傷害」にあたらないといえそうです。他方で、毛髪の切断は人の外見に大きな変化をもたらし、被害者に重大な不利益を与えるという点を重視すると、「傷害」にあたるという結論のほうが妥当だともいえそうです[1]。

　どちらの考え方が正しいかということは、六法全書のどこを探しても書いてありません。そのため、このケースを刑法の条文だけで解決することはできません。このように、考え方が分かれる法的問題のことを**論点**と呼びます。

　論点について適切な結論を導くためには、**法律を解釈する**必要があります。そして、**論点に関して最高裁判所が示した法律の解釈（判断）**を判例と呼ぶのです。

　最高裁判所は、その名のとおり日本のあらゆる裁判所のトップに位置し、三審制[2]における最終の裁判所となります。そのため、最高裁判所の判断は、論点に関する国家の最終判断として大きな権威をもっています。このような理由から、ある論点について「判例が○○と判断している」ということも、法的議論において説得力のある根拠となるわけです。

---

1. 傷害罪の構成要件については、刑法各論で勉強します。
2. 三審制とは、同じ事件について3回の裁判の機会を与える制度のことをいいます。詳しくは143ページを参照。

③学説——論点に関する学者の意見

3つ目の武器は**学説**です。学説とは、**論点に関する学者の意見**のことをいいます。条文だけでは解決できない問題が生じた場合、その論点に関する学者の意見が「学説」、最高裁判所による判断が「判例」というわけです。

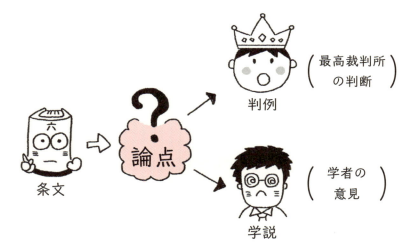

　ある論点について、学者の間である種の常識として通用している説を**通説**、多くの学者がおおむね賛成している説を**多数説**と呼びます。反対に、支持する学者が少ない説は**少数説**と呼ばれます。
　また、未だ通説や多数説となってはいないものの、説得力のある説として支持を集めている説のことを、**有力説**と呼ぶことがあります。

■ 互いに影響を与え合う「3つの武器」

　これらの3つの武器は、それぞれが無関係に存在しているわけではなく、相互に関連し合っているということができます。以下では、その具体例を見ていきましょう。

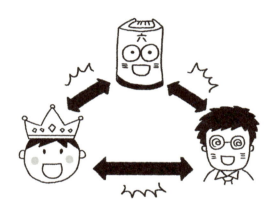

判例が影響を与える場合

　たとえば、**判例を受けて条文が改正される場合**があります。かつての利息制限法1条2項は、いわゆる過払い金（貸金業者に対して、法定の利率を超えて返し過ぎた金銭）があっても、借主はそれを返還請求することができない旨を定めていました。しかし、昭和43年に登場した判例[3]は借主による過払い金の返還請求を認め、利息制限法1条2項を事実上、空文化させました。

　その後も借主を保護する判例が続々と現れ、平成18年の法改正によりこの規定が廃止されるにいたりました（その後、日本全国で過払い金の返還請求訴訟が提起されるようになったことは、周知のとおりです）。

---

3. 最大判昭和43年11月13日民集22巻12号2526頁。

また、**判例が学説に影響を与える場合**もあります。刑法の共謀共同正犯[4]が、その代表例です。

　共謀共同正犯とは、実行行為を行わなかった者であっても、共謀に参加した場合には共同正犯（刑法60条[5]）としての罪責を負うという理論をいいます。判例は大審院の時代からこの理論を認めていましたが、かつての学説の多くは、実行行為の共同がない以上は共同正犯とはいえないとして、共謀共同正犯を否定してきました。しかし、共謀共同正犯を認める判例が蓄積するに従い、学説でもこれを認めるものが登場し、現在では共謀共同正犯を肯定する説が通説となっています。

学説が影響を与える場合

　学説が条文や判例に影響を与えるという場合もあります。たとえば、法改正にあたり、それまで解釈に争いがあった条文について学説が参考にされ、通説的な理解が改正後の条文に反映されることがあります。これは、**学説が条文に影響を与える例**といえます。

　また、学説は常に判例を批判的に検討し、よりよい解決策を提示していく役割を担っています。最高裁判所が学説の意見を採用して判例を変更することもあり、これは、**学説が判例に影響を与える例**といえます。

■どちらが大事？──判例と学説が対立する場合

　法律の勉強をしていると、判例と学説の考え方が対立している論点が数多くあることに気づきます。このような場合、法律の議論や試験の際には、どちらの考え方に従えばよいのでしょうか？　これ

---

4. 共謀共同正犯については、刑法総論で勉強します。また、190ページ以下も参照。
5. 刑法60条（共同正犯）「2人以上共同して犯罪を実行した者は、すべて正犯とする。」

はむずかしい問題ですので、場面を分けて説明しましょう。

まず、大学などで**法律の基礎を勉強する場面**では、判例や学説の考え方の違いを理解し、自分なりに法的な議論を展開できることが重視されます。したがって、**判例の立場を基本としつつも、必ずしもそれに従う必要はありません。**

論文試験などでは判例に対する理解を示すほうが高く評価されますが、結論としては、判例や学説のなかから自分が最も説得力があると考える立場を採用すればよいでしょう。この場合には、自分がその立場に立つ理由を丁寧に説明できるかどうかがポイントになります。

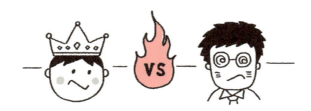

これに対し、後ほど詳しく説明するとおり、実務[6]は判例を前提として運用されています。そのため、**実務に関する勉強をする場面**（司法試験や各種資格試験の勉強など）では、基本的には**判例に従って結論を出す必要があります。**判例と異なる立場に立つことが間違いだとは言い切れませんが、そのためには、相当説得力のある根拠を示す必要が出てきます。

どちらの場面でも、法律の基礎を身につけるためには学説の勉強が欠かせません！

6．実務とは、裁判所など、法が日々用いられている現場における業務のことをいいます。裁判官・検察官・弁護士など、実務で活躍する人々は「実務家」と呼ばれます。法律の勉強をする際には、教科書を読むだけではなく、実務での取り扱いを知ることも大切です。

その2 法を分類する視点
――ざっくり分けるとよくわかる！

　私たちの社会にはさまざまな種類の法が存在し、その種類を知ることで、条文や判例をよりよく理解することができます。そこで、法を大まかに分類する3つの視点を紹介しましょう。

■成文法と不文法――「書かれた法」と「書かれざる法」

法源とは

　まずは、**法源**による分類方法を見ていきましょう。法源とは、**裁判で事件を解決する際の基準**のことをいいます。
　法源は、法の内容が文章で表現された形式をとるかという観点から、成文法と不文法とに分けられます。文章で内容が表現されたものを**成文法**、文章の形式をとらないものを**不文法**と呼びます。そのどちらを重視するかは国によって異なりますが、日本の法制度は成文法主義（成文法を最も重要な法源とする立場）であるとされています。

成文法は「書かれた法」、不文法は「書かれざる法」と言うことができます！

成文法と不文法

　成文法の代表格は、何といっても**法律**です。このほか、**憲法、条約、規則、命令、条例**などが成文法にあたります。本書でみなさん

が学ぶ「条文」は、すべて成文法にふくまれることになります。

　成文法主義の国でも、成文法を補完するものとして、**判例、慣習法、条理**などの不文法も一定の意味をもちます。

　不文法の一つである**慣習法**とは、社会の人々が一定の行動を繰り返し、守るべきルールとして定着したものをいいます。

　たとえば、温泉権（温泉のお湯を利用する権利）は成文法では定められていませんが、慣習法において認められています。もっとも、慣習法に出会う機会は多くありませんので、こういうものもあるということを知っておけば十分です。

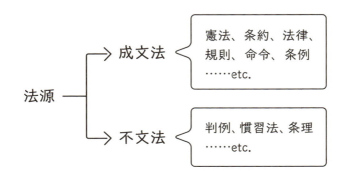

条理とは、物事の筋道や道理を意味します。ある紛争について、適切な成文法や判例が存在しない場合には、条理に従って紛争を解決することが認められています。

　ただし、条理による判断は例外的な「最後の切り札」であるため、まずは成文法や判例による解決ができないかどうかを検討することが大切です。

■公法と私法──「タテの関係」と「ヨコの関係」

　次に、公法と私法という分類を見てみましょう。これは、誰と誰の間のルールを定めたものかという視点からの分類方法です。

　公法とは**国家と国民の関係を定めたルール**をいい、**私法**とは**国民どうしの関係を定めたルール**をいいます。具体的には、公法には憲法、刑法、行政事件訴訟法などがふくまれ、私法には民法、商法、会社法などがふくまれます。

　公法と私法の区別が頭の整理に役立つことも多いので、この分類をよく覚えておいてください。

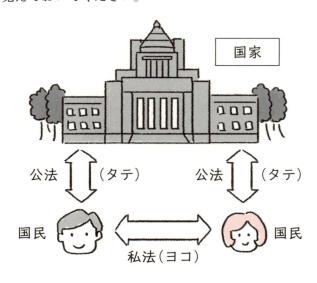

公法は国と国民との「タテの関係」、私法は国民どうしの「ヨコの関係」とイメージするとわかりやすいんです！

■ 実体法と手続法——「絵に描いた餅」と「食べられる餅」

　最後に、実体法と手続法という分類方法を説明します。
　実体法とは、**権利や義務がどのように発生・消滅するかを定めた法**のことをいいます。実体法には、刑法、民法、商法などがふくまれます。
　これに対し、**手続法**とは、**実体法上の権利や義務を実現する手続を定めた法**のことをいいます。刑事訴訟法、民事訴訟法、行政事件訴訟法などがこれにあたります。

　たとえば、「AがBに自動車を100万円で売る」という契約が結ばれたとしましょう。このとき、AはBに100万円を請求する権利をもっています。
　しかし、Bが100万円を支払おうとしない場合には、Aは訴訟を提起するなどして、自らの権利を強制的に実現する必要が生じます。この場合にAは具体的に何をすべきかということが、民事訴訟法をはじめとする手続法に定められています。

　このように、手続法がなければ実体法上の権利はいわば「絵に描いた餅」に過ぎず、それを「食べることのできる本物の餅」に変えるためには手続法が必要になります。人の権利を実現するためには、実体法と手続法の両方が必要になるということです。

第1部　準備編

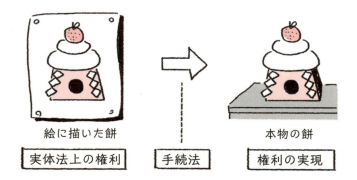

STEP 2

条文・判例を使いこなそう

その1 条文と判例の大切さ
——あなどっていると痛い目に

■ 法学部生が陥りやすいワナ

　私が法学部で法律の勉強を始めたころ、教授によく、「条文を引く手間を惜しんではだめだ」とか、「判例は『判旨』だけでなく、事案や判決の全文も読みなさい」などと言われたことを覚えています。

　しかし当時の私は、はじめの一回だけ六法を開いて条文をチェックしたり、教科書や判例集に引用してある判旨を読んだりするだけで、それらを理解したつもりになっていました。もしかすると、みなさんのなかにも私と似たようなことをしている人がいるかもしれません。

　しかし残念なことに、このような姿勢では法律の勉強で成果をあげることはできません。では、なぜこれではだめなのでしょうか？

■条文の大切さ──条文は最強の武器

まずは、条文の勉強が重要となる理由からお話していきましょう。

法律など多くの法令の条文は民主的な手続を経て制定されるので、国民の意思の表われだということができます。また、条文は事前に文章の形で定められているという点で、紛争解決に最も効果的であるということもできます。

したがって、Step 1 でもお話したとおり、法的な議論はいつも条文から始まり、紛争の解決において条文が最も説得力のある根拠となります。そのため、**条文は法律家にとって最強の武器**といえるのです。

このような理由から、いくら判例や学説に詳しくても、条文を正確に理解していない人は法律の世界で相手にされません。そのため、条文を疎かにして法律の勉強をすることは決してできないのです。

■判例の大切さ──判例は実務を支配する

では、なぜ判例の勉強も重要なのでしょうか？　その理由は、「**判例は実務を支配する**」という言葉に集約されています。

15ページでもお話したとおり、最高裁判所の判断は大きな権威をもっているので、原則として実務家は判例を尊重し、これに従うべきであると考えられています。このことを**判例の拘束力**といいます。

　したがって、ある論点について学説と判例が対立する場合、裁判官をはじめとする実務家は、判例の立場を前提として法的な議論を進めていきます。これが、「判例は実務を支配する」という言葉の意味です。そして、実務を無視して法律の勉強をすることはできないため、判例の勉強が重要な意味をもってくるわけです。

教科書ではいろんな学説にばかり目がいってしまうけど、学説だけでは法律の勉強は決してできません！

その2　条文・判例を使いこなすとは？

■本書の目的を思い出そう

　以上のように、法律を勉強するのに条文と判例はとても重要な意味をもちます。ではなぜ、その勉強方法として、六法の条文を一度チェックしたり、教科書などに引用してある判旨を読んだりするだけでは不十分なのでしょうか？

　結論からいうと、そういった方法では、**「条文と判例を使いこなす」という本書の目標を達成することが不可能**だからです。条文や判例を「見たことがある、知っている」というだけでは、それらを使いこなすことはできません。そして、条文や判例を使いこなすことができなければ、説得力のある議論をすることもできないのです。

　そこで、「条文と判例を使いこなす」という言葉の意味を、より具体的に考えていきましょう。

■条文を使いこなす――条文解釈による紛争解決

　「条文を使いこなす」とは、単に条文番号と条文の内容を覚えているというだけでなく、**条文の文言から論点を提起し、条文を解釈して紛争を解決**できるようになることを意味しています。そこで、その紛争においてどの条文のどの部分が問題となるかを把握したうえで、条文の趣旨などを根拠にその適切な解釈を行えるようになることが必要となります。

第1部　準備編

たとえば論文試験で、14ページで紹介したような、女性の毛髪を切断した者に傷害罪（刑法204条）が成立するかという点が問われたとします。

　このとき、条文を使いこなしているといえるためには、条文にある「傷害」という文言にからめて、その事案で問題となる論点を提起する必要があります。また、その論点に対する自分なりの考え方を、傷害罪の条文が保護しようとしている利益は何かという趣旨や背景から導くことによって、犯罪の成否を判断することが求められるのです。

判例を使いこなす――吸収する・武器にする

　次に、「判例を使いこなす」ということの具体的な意味を見ていきましょう。これには、**①判例から吸収する**という側面と、**②判例を武器にする**という側面の2つがあります。

①判例から吸収する

　まず、①判例から吸収するとは、**判例を素材に勉強する**ということを指しています。
　先ほども述べたとおり、条文はある程度抽象的な定めとなっているため、条文を読んだだけではその意義を理解しにくい場合が多くあります。そんなとき、その条文が登場する判例をチェックすることで、**条文の内容をより具体的にイメージすることができます**。
　また、裁判官によって書かれた判例は、**法律家の思考方法や説得力のある文章の書き方を学ぶための最高のお手本**となります。もっとも、これらのことを学ぶためには、判決文のごく一部を切り取った「判旨」だけでなく、判決文の全体に目を向ける必要があります。

②判例を武器にする

次に、②判例を武器にするとは、**判例の立場を根拠にして議論を展開し、紛争を解決する**ことをいいます。

ある事件を解決するためには、その論点に関してどのような判例があり、判例と本件との共通点・相違点は何かを考える必要があります。そのうえで、判例をふまえて本件ではどう考えるべきかを検討していくことになります。

これは非常にレベルの高い作業ですが、みなさんにはぜひこのレベルを目指してほしいと思います。

法律を勉強する人にとって、判例は「栄養」にも「武器」にもなるんだね！

第 2 部

条文編

..............Joubun-bouya..............

STEP 3

法令の全体像を つかもう

その1 法令の種類
──成文法主義の主役たち

■ 最初に全体像をつかもう

　いよいよ、条文についての本格的な勉強が始まります。ここで、法律の勉強効率をアップさせる秘訣をみなさんに伝授しましょう。

　それは、**最初に全体像をつかむ**ということです。効率的な勉強をするためには、まず全体像を把握したうえで、その後にそれぞれ個別の分野に入っていくようにしましょう。このことを念頭に置くと、成文法主義を採る日本では、何よりまず成文法の全体像を頭に入れることが重要ということになります。

　なお、一般的には成文法を**法令**と呼ぶことのほうが多いので、本書でも、これ以降は法令という用語を用いることにします。それでは早速、「法令の全体像」として、我が国における法令の種類を知るところから勉強を始めましょう。

■ 憲法・法律

憲法

　憲法とは、国の組織と活動の基本的事項を定めた法令をいいます。憲法98条1項では、日本国憲法はすべての法令の頂点に立ち、他のすべての国内法令に比べて**最も強い形式的効力**をもつとされています。

　「形式的効力」という言葉の意味については後で詳しく説明しますが、ここでは、法令相互の上下関係を指すと理解しておいてくだ

さい。法令の間で矛盾がある場合には、形式的効力が上位の法令は下位の法令に優先し、下位の法令の効力は否定されます。

> 形式的効力の上下関係をまとめた図が44ページにあるので、そちらも確認してみてくださいね！

法律

法律とは、**日本国憲法の定める方法により、国会の議決を経て制定される法令**をいいます（憲法59条）[7]。憲法41条は、国会は国の唯一の立法機関であり、法律を制定できるのは国会だけである旨を定めています。

法律は国会によって民主的な手続を経て制定されるものなので、国内法のなかでは**憲法に次いで強い形式的効力をもつ**とされています。

■命令（政令、内閣府令・省令など）

命令とは

命令とは、**行政機関によって定められる法令**のことをいいます。
今日の国家の活動は広範囲にわたり、社会の事情も複雑なものになってきています。そのため、技術的・専門的な事項や、臨機応変な対応が求められる事項などについてまで、国会がすべて法律を制定することは現実には不可能です。そこで、これらの事項については法律が行政機関にいわばお任せし、行政機関が具体的な規定を定

---

[7]. 法律という言葉は、文脈によって、(1)ここで紹介する「国会の議決を経て制定される法令」を指す場合と、(2)上記の意味より広く、「私たちが勉強する法一般」を指す場合とがあります。本書でも、これら両方の意味において法律という言葉を用いています。

めることとしているわけです。

命令は、これを制定する機関によって、①**政令**、②**内閣府令・省令**、③**その他の命令**に大別されます。

①政令

①**政令**とは、**内閣が定めた命令**のことをいいます（憲法73条6号）。その多くが「○○法施行令」と名づけられており、これは、○○法を施行するための政令であるという意味です。

政令は内閣という行政のトップが定めるものなので、法律に次いで重要な事項が定められています。政令の形式的効力は法律に劣りますが、②内閣府令・省令や、③その他の命令には勝ります。

ここで、「裁判員の参加する刑事裁判に関する法律」（通称「裁判員法」）を例に、法律と政令の規定の仕方を見てみましょう。

○裁判員の参加する刑事裁判に関する法律
（辞退事由）
第16条　次の各号のいずれかに該当する者は、裁判員となることについて辞退の申立てをすることができる。
一〜七　（略）
八　次に掲げる事由その他政令で定めるやむを得ない事由があり、裁判員の職務を行うこと（中略）が困難な者
（以下略）

裁判員法16条8号は、裁判員の候補者に「政令で定めるやむを得ない事由」がある場合には、裁判員の辞退を申し立てることができることを定めています。これを受けて、政令には次のような定めが置かれています。

> ○裁判員の参加する刑事裁判に関する法律第16条第8号に規定するやむを得ない事由を定める政令
>
> 裁判員の参加する刑事裁判に関する法律16条第8号に規定する政令で定めるやむを得ない事由は、次に掲げる事由とする。
>
> 一　妊娠中であること又は出産の日から8週間を経過していないこと。
> 二～四　（略）
> 五　住所又は居所が裁判所の管轄区域外の遠隔地にあり、裁判所に出頭することが困難であること。
> （以下略）

この政令によって、妊娠中の場合などには「やむを得ない事由」にあたることがわかりますね！

②内閣府令・省令

　②内閣府令とは**内閣府の長としての内閣総理大臣が発する命令**をいい、**省令**とは**各省大臣が発する命令**をいいます。どちらも、政令よりさらに細かい事項を定めています。

　省令は、これを発する各省大臣の区別に従って、「法務省令」「外務省令」などと呼ばれます。また、内閣府令や省令の題名は、多くの場合「○○法施行規則」となっています。

内閣府令と省令の形式的効力は同格で、どちらも法律や政令には劣ります。

> たとえば、会社法施行規則は法務省令の1つです。みなさんの持っている六法で確認してみましょう！

③その他の命令

　③その他の命令としては、会計検査院規則や人事院規則などが挙げられます。このように、内閣、内閣総理大臣、各省大臣以外にも、国の行政機関が命令を発することができる場合もあります。

■その他の法令

最高裁判所規則

　最高裁判所規則とは、**最高裁判所が訴訟に関する手続などについて定める規則**をいいます（憲法77条1項）。
　最高裁判所に自らこのような規則を定める権限が認められたのは、司法権の独立を確保するとともに、裁判の手続的事項に関しては裁判所の専門的な知識と経験を尊重するためです。最高裁判所規則には、刑事訴訟規則や民事訴訟規則などがあります。
　最高裁判所規則と法律の形式的効力の優劣については議論がありますが、一般には、国会を国権の最高機関とする憲法の趣旨からして、法律のほうが勝ると考えられています。

> 六法の刑訴法や民訴法の条文には、よく刑事訴訟規則や民事訴訟規則の規定が参照条文として挙げられていますよ〜。

議院規則

　議院規則とは、**衆議院と参議院がそれぞれ独自に制定する法令で、各議院の内部的な手続などを定めるもの**をいいます（憲法58条2項）。

　議院規則と法律の形式的効力の優劣についても議論がありますが、一般には、どちらかの議院の議決だけで制定される議院規則よりも、衆議院と参議院の意思の合致によって制定される法律のほうが勝るものと考えられています。

条例

　条例とは、**地方公共団体の議会によって制定された法令**のことをいいます（地方自治法96条1項1号）。国の法令（憲法・法律など）に違反する条例を定めることはできず、条例の形式的効力は、国の法令に劣るとされています（地方自治法14条1項）。

長が定める規則

　地方公共団体の長はその権限に属する事務に関して規則を定めることができるとされており（地方自治法15条1項）、これを**長が定める規則**といいます。地方公共団体においては、議会の議決を経て定められる条例と、長が独自の判断で定めることができる「長が定める規則」の、2つの自治立法が認められているということです。

「長が定める規則」の形式的効力については、国の法令や条例には劣るとされています。

条約

　条約とは、**国家間において締結される契約**のことをいいます。条約は国家間に権利義務を生じさせるものですが、個別具体的な内容を定めた条約については、それを国内法化する法律が制定されなくても、条約それ自身が国内法としての効力を有する場合があると考えられています。

　条約と憲法の形式的効力の優劣については議論がありますが、一般には、憲法が勝ると考えられています。もっとも、法律以下の国内法令に対しては、条約の形式的効力が勝ります。

その2 法令相互の関係
——法秩序をつくる3つのルール

　日本には無数の法令が存在し、それら一つひとつの法令は、他の法令と何かしら関連しているのが通常です。そして、**すべての法令は相互に矛盾することなく、統一的な秩序を形成している**ことが要請されます。

　そこで、法令相互の間で矛盾が生じないように、これから説明する3つのルール（形式的効力の原理、後法優先の原理、特別法優先の原理）が認められています。

ルール1：上位法は下位法に勝つ！——形式的効力の原理

　1つ目のルールである**形式的効力の原理**は、たとえば「法律と政令」「法律と条例」など、異なる法令の間で矛盾を生じさせないために認められています。

　先ほども説明したとおり、形式的効力の原理とは、それぞれの法令の種類に効力の上下をつけ、**上位の法令の効力が下位の法令の効力に優先する**というルールです。したがって、上位の法令に違反する下位の法令の効力は否定されることになります。このルールによって、日本の法令は**憲法を頂点とするピラミッド型の段階構造**を形成しているということができます。

　それぞれの法令を紹介する際に形式的効力についても触れてきましたが、そのまとめとして次ページの図を見て、法令どうしの上下関係を確認しておいてください。

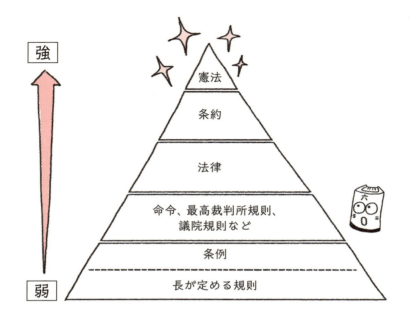

■ルール２：後法は前法を破る！──後法優先の原理

　２つ目の**後法優先の原理**は、「法律と法律」など、同じ種類の法令の間で矛盾を生じさせないために認められています。

　後法優先の原理とは、**前法と後法の規定が相互に矛盾する場合には、後法が前法に優先する**というルールをいいます（前に制定された法令の規定を「前法」、後から制定された法令の規定を「後法」と呼びます）。このルールの背後には、新しい法令のほうがその時々の社会の状況や価値観をより適切に反映しているという理解が存在します。

　もっとも実際には、法令を新しく制定する際には、新法令と矛盾する内容をもつ既存の法令は、改正・廃止されるのが一般的です。そのため、前法と後法が矛盾する事態は、実際にはほとんど考えられません。

■ ルール３：特別法は一般法に優先する！──特別法優先の原理

特別法優先の原理とは

　３つ目の**特別法優先の原理**も、同じ種類の法令の間で矛盾を生じさせないために認められているルールです。

　一般法とは、ある事項について広く一般的に規定した法令をいい、特別法とは、特定の場合・人・地域などに限定して一般法とは異なる定めをした法令をいいます。そして、特別法優先の原理とは、**一般法と特別法が競合する場合は特別法が優先的に適用され、特別法と矛盾しない限度において一般法が適用される**というルールをいいます。

一般法が原則、特別法が例外というイメージですね！

たとえば、民法は私法の一般法であり、その規定は私法関係一般に適用されます。これに対し、商法は商取引に適用される特別法です。

　具体的な例としては、債権の消滅時効期間は一般法の民法では10年とされていますが（民法167条1項）、特別法の商法においては、商事債権（商行為によって生じた債権）の消滅時効期間は5年と定められています（商法522条本文）。この場合、特別法優先の原理から、商事債権について民法の規定は適用されず、商法によって5年の消滅時効にかかります[8]。

特別法優先の原理の注意点

　特別法優先の原理については、いくつか注意が必要となる点があります。

　第一に、一般法と特別法の関係は相対的なものであり、「A法はB法との関係では特別法であるが、C法との関係では一般法である」という場合があるという点です。たとえば雇用関係についていうと、労働基準法は民法との関係では特別法ですが、地方公務員法との関係では一般法になります。

　第二に、ある法令が全体として他の法令の一般法・特別法となる場合だけでなく、法令中のある規定が他の規定の一般法・特別法となる場合もあるという点です。たとえば会社法295条を見てみると、1項が一般法、2項が取締役会設置会社について定めた特別法という関係にあります。

---

8. 民法上の消滅時効については民法（総則）で、商事債権の消滅時効については商法（商行為法）で勉強します。

> ○**会社法**
> （株主総会の権限）
> 第295条　株主総会は、この法律に規定する事項及び株式会社の組織、運営、管理その他株式会社に関する一切の事項について決議をすることができる。
> 2　前項の規定にかかわらず、取締役会設置会社においては、株主総会は、この法律に規定する事項及び定款で定めた事項に限り、決議をすることができる。
> （以下略）

特別法の見つけ方──目印に着目しよう

　特別法は一般法に優先して適用されるため、特別法の存在を見落としていると、それだけで間違った答えを出してしまうことがあります。そこで、特別法を見つけるための条文上の「目印（キーワード）」を紹介することにしましょう。
　ただし、このような目印がない場合でも、内容的に一般原則を定めていれば一般法であり、内容的にその特例を定めていれば特別法となる点には注意してください。

一般法の目印

　まずは、特別法を見つけるための前提として、一般法の目印となるキーワードを紹介します。

> ○民事訴訟法
> （趣旨）
> 第1条　民事訴訟に関する手続については、他の法令に定めるもののほか、この法律の定めるところによる。

　波線部のような「**他の法令に定めるもののほか、この法律の定めるところによる**」という文言は、その法律全体が一般法となることを示す目印です。ここでは「他の法令に定めるもの」として行政事件訴訟法や人事訴訟法などがあり、これらの法律は民事訴訟法に対する特別法となります（行政事件訴訟法7条、人事訴訟法1条）。

特別法の目印

　では次に、特別法の目印となるキーワードを見てみましょう。

> ○人事訴訟法
> （趣旨）
> 第1条　この法律は、人事訴訟に関する手続について、民事訴訟法（平成8年法律第109号）の特例等を定めるものとする。

　先ほど述べたとおり、人事訴訟法は民事訴訟法の特別法にあたりますが、そのことは人事訴訟法1条に明記されています。「○○の**特例等を定めるものとする**」という文言は、その法令が特別法であることを示す目印です。

　さらに、特別法の目印となるキーワードをもう1つご紹介します。
　前のページにもどり、会社法295条2項が「前項の規定にかかわ

らず」という言葉で始まっているのを確認してください。この「○○の規定にかかわらず」という文言も、特別法の目印です。

　なお、法令中のある規定が他の法令の規定に対して特別法となる場合には、「○○法第××条の規定にかかわらず」などと表現されます。

特別法や一般法の目印を意識しながら、いつでも「特別法がないか」に気をつける必要がありますよ〜！

STEP 4

条文を読んでみよう（1）

―条文読解の基礎知識―

その1 法令の構造
──4つのパート

　ここでは、1つの法令がどのような構造になっているのかを押さえておきましょう。大まかにいうと、法令は以下の**4つのパート**に分けられます。

①目次

　一般の書籍と同じように、現在、私たちが使う法令のほとんどには**目次**がついています。目次は、法令全体の内容を概観したり、必要な条文を探したりするのにとても役立ちます。

　目次の利用法については、Step 6の120ページ以下で詳しく解説します。

②本則

　本則は、法令の本体をなすメインパートです。これから勉強していく「条文」が掲載されているのは、主にこのパートです。

　本則は「条」を基本単位として構成されますが、条数が多い場合は本則を内容ごとに整理するため、「編」「章」「節」「款（かん）」「目（もく）」などに分けられます。

　条数によって区分の方法は異なります。たとえば、条数が1000

を超える民法では「編・章・節・款・目」のすべてが使われていますが、条数が300足らずの刑法では「編」と「章」のみが使われています。

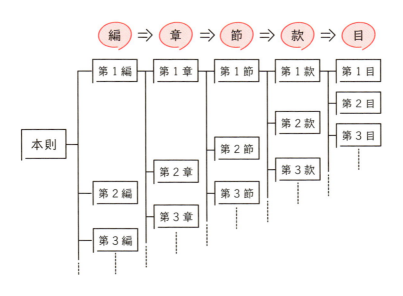

③附則

　附則には、法令の施行期日（法令の効力の発生時期）、経過措置、関係法令の改正など、付随的な規定が置かれています。

④別表

　本則の条文のなかに入れておくよりも、条文とは別に一覧で掲げたほうがよりわかりやすくなる事項については、それを**別表**として取り出す場合があります。たとえば、家事事件手続法では、この法律で取り扱うさまざまな事件が別表1・別表2に列挙されています。

その2 任意規定と強行規定
——従わなくてもよい条文？

　1つの法令のなかにあるさまざまな規定は、**任意規定**と**強行規定**の2種類に分けることができます。特に私法を学ぶ際には両者の区別が重要になってくるので、ここでその違いをしっかりと押さえておきましょう[9]。

■任意規定とは何か

　一般に「法律には従わなくてはならない」と考えられていますが、条文のなかには、必ずしもそれに従う必要のない規定もあります。これを**任意規定**と呼びます。

　任意規定とは、**当事者が法令の規定と異なる合意をした場合には当事者の意思が優先され、その合意も有効とされる規定**のことをいいます。任意規定の定めと異なる内容の合意がある場合には、その規定に従う必要はありません。

　任意規定は、当事者の意思表示が不明瞭な場合にそれを解釈したり、当事者が合意していない部分を補充したりするための規定であるということができます。任意規定の例として、次の条文を見てみましょう。

9．任意規定と強行規定については、民法（総則）で勉強します。また、民法90条・91条も参照。

> ○民法
> （賃貸物の修繕等）
> 第606条　賃貸人は、賃貸物の使用及び収益に必要な修繕をする義務を負う。
> （以下略）

　民法606条は任意規定なので、この規定と異なり、建物の賃貸人と賃借人が「修繕はすべて賃借人が行う」という合意をした場合にはその合意が優先され、賃貸人は修繕義務を負いません。一方、賃貸借契約のなかで修繕について何も合意がされなかった場合には、この規定が契約の内容を補充し、賃貸人が修繕の義務を負うことになります。

■強行規定とは何か

　任意規定の対義語は、**強行規定**です。強行規定とは、**当事者の意思にかかわらず適用される規定**を指し、**当事者がこれに反する合意をした場合、その合意は無効**となります。
　一般に、行政法や刑法など、公の秩序に関わる公法の規定の多くは強行規定です。また、私法の規定のなかにも、公の秩序に関係が深いなどの理由から、強行規定とされているものが多くあります。

■任意規定と強行規定の見分け方

見分け方（1）——目印に着目しよう

　私法の規定のなかには任意規定と強行規定が混在しており、一見しただけではそれらを見分けることができません。そこで、両者を区別するヒントを紹介することにします。

　まず、任意規定や強行規定であることを示す条文上の目印を覚えておきましょう。
　たとえば、「**別段の意思表示がないときは**」や「**当事者が反対の意思表示をしたときは、この限りでない**」などといった、**当事者の意思を尊重する文言**は、その規定が任意規定であることを示す目印になります。この例としては、下記の民法404条1項のほか、民法127条3項・474条1項などがあります。

> ○**民法**
> （法定利率）
> 第404条　利息を生ずべき債権について別段の意思表示がないときは、その利率は、その利息が生じた最初の時点における法定利率による。
> （以下略）

　一方、「**することができない**」や「**無効とする**」などといった、**その規定に反する合意をしても効力を認めない旨の文言**は、その規定が強行規定であることを示す目印になります。この例としては、下記の民法146条のほか、利息制限法1条1項、借地借家法9条などがあります。

> ○**民法**
> （時効の利益の放棄）
> 第146条　時効の利益は、あらかじめ放棄することができない。

見分け方（2）――規定の趣旨から考える

　以上のような目印がない場合には、規定の趣旨から区別をする必要があります。

　この区別はなかなかむずかしいものですが、イメージとしては、その事項について**当事者の意思を優先させると不都合が大きい場合は強行規定である**と理解しておくとよいでしょう。たとえば、民法第四編（親族）の婚姻や親子関係に関する規定の多くは、それを当事者の意思に任せると社会秩序が維持できなくなるおそれがあるため、強行規定とされています。

　これに対し、私的自治の原則・契約自由の原則[10]から、**強行規定と解すべき理由が特にない場合には、一般に任意規定である**と解されています。たとえば、民法第三編（債権）の規定の多くは、任意規定とされています。

---

10. 私的自治の原則と契約自由の原則は、どちらも私法の一般原則です。これらについては、民法（総則）で勉強します。

その3 条文の構造 —— 条文を分解してみよう

　続いて、一つひとつの条文を分解し、その構造を見ていくことにしましょう。

■見出しの利用法

見出しの役割

　条文を読むときにまず注目してほしいのが、各条文の**見出し**です。みなさんが持っている六法でも、ほとんどの法令の条文の右隣などに、かっこ書きで見出しがついていると思います。

　見出しはその条文の内容を簡潔に表現したもので、**条文の内容を大まかに知る**のに役立ちます。また、特定の条文を見つけるために六法を引く場合にも、**見出しを目で追いながら条文を探す**と便利です。

○**刑法**
（正当行為）　← 見出し
第35条　法令又は正当な業務による行為は、罰しない。

　何条かにわたって共通した事項についての規定が続く場合には、「共通見出し」として、はじめの条文にのみ見出しがつけられることもあります。

仮の見出しとは

　民法や刑法など、私たちが勉強する多くの法令では、見出しが正式な法令の一部となっています。

　これに対し、憲法や刑事訴訟法など、古い法令のなかには正式な見出しが存在しないものもあります。みなさんが使用している六法では、これらの法令にも見出しがつけられていると思いますが、それは出版社が便宜的につけた**仮の見出し**で、正式には法令の一部ではありません。

　そのため、かっこ書きも正式な見出しとは異なる記号が使われているはずです。この点は六法の凡例などで確認し、注意するようにしてください。

■条文の区切り方（1）——項・号で区切る

条文を区切る必要性

　法律の議論をしているとき、**根拠となる条文を摘示する**ことが必要になる場面があります。その際には、これから紹介する条文の区切り方に従い、必要な箇所をできるだけ正確に示すよう心がけましょう。

　たとえば、61ページで紹介する民法111条に関して、「本人の死亡」により代理権が消滅した場合には、「民法111条1項」ではなく、「民法111条1項1号」と摘示するほうが正確です。また、憲法上の幸福追求権の根拠条文としては、「憲法13条」ではなく、「憲法13条後段」とするほうが正確です。

　このように条文を正確に摘示できるよう、以下では、1つの条文をどのように区切ればよいかを解説していきます。

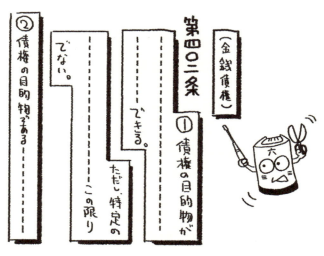

論文試験の答案で条文を摘示するときも、これから説明する条文の区切り方に従うようにしましょう！

条・項・号

　法令の最も基本的な単位は「**条**」です。ある「条」を内容によって文章として細分化するときは、原則として「**項**」を使います。

　また、「条」や「項」をさらに細分化して列記するときは「**号**」を用います。「号」により箇条書きで項目が列挙された場合、その「号」以外の部分を、「**柱書**」と呼びます。

　「項」が文章の形で定められるのに対し、原則として「号」は体言止めの形で定められます。また、号番号は「一、二、三……」といった漢数字を用いて表記されます。

　なお、実際に目にする機会はそれほど多くありませんが、「号」をさらに細分化するときは「イ、ロ、ハ」が、これをさらに細分化するときは「（1）、（2）、（3）」が用いられます。

「項」の表記の仕方

項番号をつける場合、**第1項には番号をつけず、2項以下に「2」や「3」といった算用数字をそのまま用いる（数字を○で囲まない）**のが正式なルールです。したがって、正式には、項番号は「2、3、4……」という風に並んでいきます（本書でもこの方法に従って表記してあります）。

しかし、市販の六法の多くは、学習の便宜のために項番号を○で囲んだり、第1項にも項番号をつけたりしています。正式な法文を目にしたときにあわてないように、このことも頭に入れておきましょう。

> 教科書などでは、「項」をローマ数字（Ⅰ、Ⅱ、Ⅲ……）で、「号」を○で囲んだ数字（①、②、③……）で略記することもあります。たとえば、「125条3項5号」は「125 Ⅲ ⑤」となりますね。

具体例——民法111条の構造

以上を前提に、例として民法111条の構造を確認してみましょう。この条文の各部分は、次のように呼ばれます。

○民法
（代理権の消滅事由）

第111条　代理権は、次に掲げる事由によって消滅する。 ← 1項柱書

一　本人の死亡 ← 1項1号

> 二　代理人の死亡又は代理人が破産手続開始の決定若しくは後見開始の審判を受けたこと。　← 1項2号
> 2　委任による代理権は、前項各号に掲げる事由のほか、委任の終了によって消滅する。　← 2項

■条文の区切り方（2）――前段・後段、本文・ただし書きで区切る

　次に、文章の内容を「項」など独立の形で分けるほどでもない場合の区切り方を紹介します。この場合には、「条」や「項」の内部を、「前段・後段」や「本文・ただし書き」などを使って区切ることになります。

前段・後段

　まず、ある「条」や「項」を文章のなかで複数の部分に区切る場合、原則としてそれぞれの文章は句点（「。」）で区切られます。「条」や「項」が2つに区切られる場合、前の一文を**前段**、後の一文を**後段**と呼びます（一文が3つに区切られる場合には、真ん中の一文を**中段**と呼びます）。

　例として、憲法13条を見てみましょう。

> ○憲法
> 第13条　すべて国民は、個人として尊重される。　生命、自由及び幸福追求に対する国民の権利については、公共の福祉に反しない限り、立法その他の国政の上で、最大の尊重を必要とする。

（前段／後段）

また、たとえば憲法14条1項のように、句点で区切られていない場合でも、文章の意味や内容から前段と後段を区別する場合もあります[11]。

本文・ただし書き

　前段・後段の場合と同じように、ある「条」や「項」が2つに区切られる場合でも、後の一文が「ただし」で始まっている場合には、前段・後段という用語は用いません。その代わりに、前の一文を**「本文」**、後の一文を**「ただし書き」**と呼びます。本文には原則的な規定が、ただし書きにはその例外が規定されるのが一般的です。
　例として、民事訴訟法251条1項を見てみましょう。

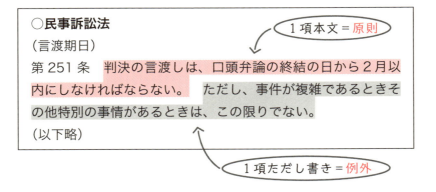

○**民事訴訟法**
（言渡期日）
第251条　判決の言渡しは、口頭弁論の終結の日から2月以内にしなければならない。　ただし、事件が複雑であるときその他特別の事情があるときは、この限りでない。
（以下略）

1項本文＝原則
1項ただし書き＝例外

---

11. 憲法14条1項においては、「すべて国民は、法の下に平等であつて」が前段、「人種、信条、性別、社会的身分又は門地により、政治的、経済的又は社会的関係において、差別されない」が後段とされています。同条の前段と後段の関係については、憲法（人権）で勉強します。

その4 特別な役割や意味をもつ規定

　法令のなかには、特別な役割や意味をもつ規定がところどころに隠れています。これらの規定の意義をあらかじめ知っておくことで、普段は何気なく見過ごしてしまいがちな条文への理解が深まります。

■目的規定・趣旨規定は法令のエッセンス

　みなさんが目にする法令の多くには、冒頭に**目的規定**や**趣旨規定**が置かれています。目的規定・趣旨規定とは、**法令の目的や内容を簡潔に表現したもの**です。これらの規定には、その法令のエッセンスがつまっています。

　その例として、刑事訴訟法の目的規定である第1条を、波線①②に注目しながら読んでみてください

> ○刑事訴訟法
> 第1条　この法律は、刑事事件につき、公共の福祉の維持と①個人の基本的人権の保障とを全うしつつ、事案の真相を明らかにし、②刑罰法令を適正且つ迅速に適用実現することを目的とする。

　刑事訴訟法は刑事事件の手続法なので、その最終的な目標は実体法である刑法を実現することにあります。この最終目的が、波線部②の「刑罰法令を適正且つ迅速に適用実現することを目的とする」という部分に示されています。

そして、そのためには犯人を処罰するために事案の真相を明らかにするだけではなく、被疑者・被告人の権利が不当に侵害されないことも必要となります。この「真実発見」と「人権保障」という相反する２つの要請の調和が、波線部①「個人の基本的人権の保障とを全うしつつ、事案の真相を明らかにし」という部分に示されています。

　以上をまとめると、「刑事訴訟法は、真実発見と人権保障の調和を図りつつ、刑罰法令を適正且つ迅速に適用実現することを目的としている」ということが、第１条の目的規定からわかるということです。

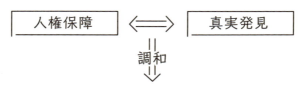

　目的規定や趣旨規定それ自体は具体的な権利や義務を定めるものではありませんが、法令の解釈などの指針となるものであり、非常に重要です。新しい法令に出会った際は、まずこれらの規定を確認するようにしましょう。

定義規定で用語の正確な意味をチェック

定義規定の役割

　法令によっては、目的規定や趣旨規定に続いて、**定義規定**が置かれている場合があります。定義規定は、**法令で使われる基本的な用語の意味内容を明確にするための規定**です。

　たとえば、会社法には２条に定義規定が置かれています。そして、

400条3項は「各委員会の委員の過半数は、社外取締役でなければならない」と定めていますが、ここでの「社外取締役」については、2条15号で定義されています。

法令上の定義をよく確かめずに法律の議論をすると、思わぬ勘違いをしてしまうことがあります。定義規定のある法令については、条文中の用語の定義をいつもチェックするクセをつけておきましょう。

「隠れた定義規定」にも要注意

会社法2条の場合、条文に「定義」という見出しがつけられ、定義規定であることが明らかでした。しかし、定義規定はいつもこのようにわかりやすいわけではなく、用語の定義が個々の規定のなかでなされる場合もあります。このような**隠れた定義規定**の例を見てみましょう。

> ○**民法**
> （夫婦間における財産の帰属）
> 第762条　夫婦の一方が婚姻前から有する財産及び婚姻中自己の名で得た財産は、その特有財産（夫婦の一方が単独で有する財産をいう。）とする。
> （以下略）

民法762条1項の場合、「特有財産」という用語が、かっこ書きのなかで「夫婦の一方が単独で有する財産」と定義されています。このように、かっこ書きのなかで「～をいう。」としてその直前の用語を定義する場合が、隠れた定義規定です。

また、その規定より後の箇所でも同じ用語が使われる場合には、「～をいう。以下同じ。」「～をいう。以下この章（節）において同

じ。」「〜をいう。第○条において同じ。」などと表記されることもあります。

略称規定にも注意しよう

定義規定に似たもので、**略称規定**と呼ばれるものがあります。略称規定は、**長い表現が何回も繰り返されるのを避けるために、それらをまとめて適当な略称をつけるもの**です。これにより、法文が簡潔でわかりやすくなるという役割を担っています。

その代表例として、次の条文を見てください。

> ○**会社法**
> （役員等の株式会社に対する損害賠償責任）
> 第 423 条　取締役、会計参与、監査役、執行役又は会計監査人（以下この節において「役員等」という。）は、その任務を怠ったときは、株式会社に対し、これによって生じた損害を賠償する責任を負う。
> （以下略）

この条文から、この節のなかで「役員等」という用語が出てきたら、具体的には取締役、会計参与、監査役、執行役、会計監査人を指すことがわかります[12]。

12.「役員等」という言葉が登場する条文の例としては、会社法 429 条 1 項があります。

このように、略称規定が登場した場合には、その法令において「等」のなかに具体的に何がふくまれているのかをしっかりと確認する必要があります。

> 条文のなかに「等」と出てきたら、漠然と「〜など」と考えていてはダメですよ！「等」の中身を必ずチェックしましょう。

■法改正の工夫──「条文削除」と「枝番号付きの条文」

　最後に、法改正の際に混乱を防ぐための工夫を紹介します。
　たとえば、刑法200条は法改正により削除された条文ですが、現在でも六法には「第200条　削除」と書かれた条文が残っています。また、刑法には「第235条の2（不動産侵奪）」という条文がありますが、このように「第○条の2」などという形の条文は**枝番号付きの条文**と呼ばれています。これは、もともとあった235条のうしろに、法改正によって新たに条文が追加されたことを示しています。
　これらは、**条文の削除や追加によって条文の繰り上げ・繰り下げが発生するのを防ぐための工夫**といえます。
　たとえば、200条の削除にともない既存の条文を1つ繰り上げたり、235条の後に236条として不動産侵奪罪を追加し、その後の条文を1つ繰り下げてしまうと、既存の条文番号が前やうしろにズレてしまい、実務に混乱が生じかねません。このような事態を防ぐため、上記のような工夫がされているわけです。

その5 法令解釈
——条文を120％活用する方法

　先ほどから述べているとおり、法令はある程度抽象的に定められているため、社会には法令の文言をあてはめるだけでは解決できない問題が数多く存在します。したがって、法令の文言が意味する内容を明確にする作業が必要となり、これを**法令解釈**と呼びます。

　ここでは、よく使われる基本的な法令解釈の方法を紹介します。

■文理解釈と論理解釈——語句にどれだけこだわるか

　法令解釈には、大きく分けて文理解釈と論理解釈とがあります。**文理解釈とは、条文の語句に忠実に解釈していこうとする方法**であるのに対し、**論理解釈**は、条文の語句に形式的にとらわれることなく、**条文の背後にある道理や条文の趣旨などさまざまな事情を考慮して解釈する方法**です[13]。

　この両者は往々にして対立するものであり、どちらの方法を重視するかによって正反対の結論が出てくる場合もあります。そのため、条文を利用して妥当な結論を得るためには、事案に応じて両者を上手に使い分けることが大切になります。

　以下では、論理解釈のなかでもよく使われる手法を紹介します。

---

13. 論理解釈は、条理に基づいて解釈しようとする点をとらえて「条理解釈」と呼ばれたり、法令の目的や趣旨を重視する点をとらえて「目的論的解釈」と呼ばれたりすることもあります。

文理解釈だけでは条文の文言に縛られ妥当な結論が導けませんが、論理解釈を重視し過ぎると、条文からかけ離れた解釈になってしまいます……。

■拡張解釈と縮小解釈——文言は伸び縮みする⁉

拡張解釈

　拡張解釈とは、法令の語句を通常の意味より広く解釈することをいいます。これは、その語句を文字どおり解釈すると妥当な結論を導くことができないため、適当な範囲で意味を拡大して読み取る手法です。その具体例を見てみましょう。

> ○**民法**
> （損害賠償の方法、中間利息の控除及び過失相殺）
> 第722条　（略）
> 2　被害者に過失があったときは、裁判所は、これを考慮して、損害賠償の額を定めることができる。

　たとえば交通事故が発生した場合、事故の被害者は加害者に対して、不法行為に基づく損害賠償請求をすることができます（民法709条）。その際、被害者にも過失があったときには損害賠償額を減額するのが公平であるという趣旨から、民法722条2項に過失相殺の規定が置かれています[14]。そして、本来この条文の「被害者」とは、不法行為を受けた被害者本人のことを意味します。

---

14. 不法行為や過失相殺については、民法（債権各論）で勉強します。

> 民法722条2項は、加害者と被害者の両方に過失があり、いわば「お互い様」といえるような場合を想定しています。

　しかし、判例・通説は、「被害者に過失があったとき」とは、単に被害者本人の過失だけでなく、被害者本人以外の「被害者と身分上、生活上一体をなすとみられるような関係にある者」の過失も考慮するのが公平の理念にかなうとして、そのような者の過失もふくめる拡張解釈をしています[15]。これを、「被害者側の過失」と呼びます。

　たとえば、母親が目を離したスキに幼児が道路に飛び出して自動車事故に遭った場合、その母親は被害者本人ではありませんが、母親の過失が「被害者側の過失」として考慮され、自動車の運転手に対する損害賠償額が減ってしまう場合があります。

被害者側の過失

縮小解釈

　縮小解釈とは、拡大解釈とは反対に、**法令の語句を通常の意味より狭く解釈すること**をいいます。この例としては、民法177条の解

---

15. 最判昭和44年2月28日民集23巻2号525頁参照。

釈が有名です[16]。

> ○民法
> （不動産に関する物権の変動の対抗要件）
> 第177条　不動産に関する物権の得喪及び変更は、不動産登記法（平成16年法律第123号）その他の登記に関する法律の定めるところに従いその登記をしなければ、第三者に対抗することができない。

　この条文により、たとえばAがBから土地を購入した場合でも、登記をしなければその所有権取得を「第三者」に対抗できないことになります。ここでいう「対抗」とは、自分が所有権を取得したということを主張することです。

　そして、この規定をそのまま読むと、登記がなければ対抗できない「第三者」の範囲については何も制限がないため、あらゆる第三者を指すとも考えられます。しかし判例は、ここでの「第三者」は、「当事者及びその包括承継人以外の者であって、登記の欠缺（＝欠けていること：筆者注）を主張する正当な利益を有する者」に限ると解しています[17]。これが縮小解釈の代表例です。

　この縮小解釈により、たとえば、Bから土地をさらに譲り受けたC（二重譲渡の譲受人）はAにとって「第三者」にあたりますが、土地を不法に占有するDはこれにあたらないことになります。

> 民法177条の「第三者」の意義は物権法のなかで最も重要な論点の1つなので、教科書などでよく勉強しておきましょう！

---

16. 民法177条の「第三者」の解釈については、民法（物権）で勉強します。
17. 大連判明治41年12月15日民録14輯1276頁参照。

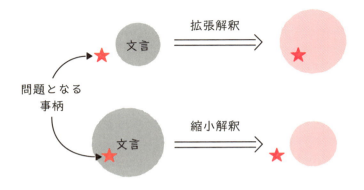

反対解釈と類推解釈──「書かれざること」をどう考えるか

[反対解釈]

反対解釈とは、ある規定が定めているケースと逆のケースについて、その規定の反対の効果を生じると解釈することをいいます。

反対解釈ができる例としては、民法792条が挙げられます。

> ○民法
> （養親となる者の年齢）
> 第792条　成年に達した者は、養子をすることができる。

この条文は「成年に達した者」についての条文であり、未成年者については何の規定もありません。しかし、この規定の裏返しとして「未成年者は養子をすることができない」と解釈するのが反対解釈です。

もっとも、規定と逆のケースにおいても規定と同様の効果を生じると考えるべき場合もあるので、どのような条文でも常に反対解釈ができるというわけではありません。そのため、反対解釈をする前には必ず条文の趣旨を確認し、反対解釈が可能であるかをよく考え

てみるようにしましょう。

「AならばB」という規定がある場合に、「AでないならばBでない」と考えるのが反対解釈ですね！

類推解釈

　類推解釈とは、あるケースについて直接規定した法令がない場合に、**類似する他のケースについての規定を借用**し、それと同様の効果を生じると解釈することをいいます。

「AならばB」という規定がある場合に、「Aと似たCの場合もB」と考えるのが類推解釈ですよ〜。

　たとえば、債務不履行に基づく損害賠償請求[18]の範囲については民法416条という規定がありますが、不法行為に基づく損害賠償請求の範囲を定めた規定はありません。しかし、債務不履行と不法行為には共通点が多く、賠償範囲を異なって取り扱う必要はないと考えられます。そこで、不法行為による損害賠償についても、民法416条が類推適用されると考えられています[19]。

　なお、罪刑法定主義[20]の下にある刑罰法令については、拡張解釈は許されますが、類推解釈は許されないとされています。なぜなら、刑罰法令に類推解釈を認めると、法令で規定されていない罰則を解釈で創設してしまうことになるからです。

---

18. 債務不履行に基づく損害賠償請求については、民法（債権総論）で勉強します。
19. 最判昭和48年6月7日民集27巻6号681頁参照。
20. 罪刑法定主義とは、一定の行為を犯罪とし、これに刑罰を科するためには、あらかじめ成文法として明確に規定しておかなければならないという考え方をいいます。

一般的に、拡張解釈は刑罰法規の目的の範囲内の解釈であるのに対し、類推解釈はこの枠の外にはみ出る解釈であると考えられています。

> 実際には拡張解釈と類推解釈の区別はむずかしく、その境界線は微妙なものといわれています！

もちろん解釈

　類推解釈の1つに、**もちろん解釈**と呼ばれるものがあります。これは、**類推解釈できることが明らかな場合**の解釈です。

　たとえば、民法738条は、「成年被後見人が婚姻をするには、その成年後見人の同意を要しない」と規定しています。他方で、民法には、成年後見人よりも行為能力の欠ける度合いの低い被保佐人の婚姻に際して、保佐人の同意を要しないとする規定はありません。

　もっとも、「成年被後見人でさえ成年後見人の同意を必要とせず婚姻することができるのだから、被保佐人の婚姻については保佐人の同意を要しないことは『もちろん』である」と解するのが、もちろん解釈です[21]。

反対解釈と類推解釈の関係

　反対解釈と類推解釈の関係をまとめると、以下のようになります。
　すなわち、反対解釈とは「ケースAについて規定がある場合に、規定のないケースBについては反対の効果を生じる」とする解釈です。これに対し、この場合に「ケースBについてもケースAと同様

---

21. 成年後見制度などについては民法（総則）で、婚姻については民法（親族）で勉強します。

の効果を生ずる」と解釈するのが類推解釈です。

　このように、**反対解釈と類推解釈では正反対の結論が導かれます**。具体的な事件においてどのような解釈をすべきかは、その規定の趣旨をふまえ、結論の妥当性という観点から慎重に判断する必要があります。

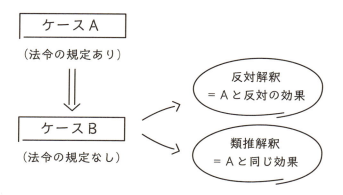

▍変更解釈──法令に誤りがある場合

　変更解釈とは、法令に立法上の明白な誤りがある場合に、文言のもともとの意味とは違う意味で法令を解釈するものです。

　本来このような誤りは、法改正などにより対応すべきものといえます。そのため、変更解釈はその必要性が特別に認められる場合にのみ行われるものであるとされ、その実例に出会うことはほとんどありません。

STEP 5

条文を読んでみよう（２）

―頻出用語をスッキリ解説！―

その1 接続詞 ── 文や語句をつなげることば

　Step 5は、条文のなかでよく使われる用語の意味を正確に理解することを目的としています。

　そこで、まずは複雑な条文を読み解くときにカギとなる接続詞について解説しましょう。接続詞の使われ方をマスターすることで、条文の構造をスッキリと把握できるようになります[22]。

> Step 5については、はじめは軽く目をとおしておけば十分です。勉強中にそれぞれの用語に出くわしたら、そのつどこのStepを見返すようにしてくださいね！

■「又は」と「若しくは」──「or」には2つの種類がある

基本的な使い方

　「又は」と「若しくは」は、どちらも英語の「or」にあたります。まずはこの2つの用語に関する基本的なルールを確認しましょう。

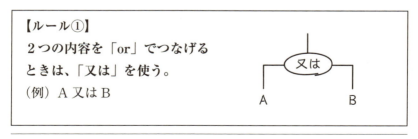

【ルール①】
2つの内容を「or」でつなげるときは、「又は」を使う。
（例）A 又は B

---

22. 接続詞が使われた条文を読む際には、簡単な「枝分かれ図」（112ページを参照）を描くと内容を整理することができます。ぜひ利用してみてください。

【ルール②】
3つ以上の内容を並列的に並べる場合、最後に「又は」を使い、それ以外のところは「、」を使う。
（例）A、B又はC

【ルール③】
大きなグループとそれより小さなグループがある場合、「又は」は一番大きなグループ分けに使い、それより小さなグループ分けには「若しくは」を使う。
（例）A若しくはB又はC

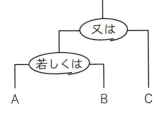

　ルール③はやや複雑なので、具体例として民法111条1項2号を見てみましょう。

○**民法**
（代理権の消滅事由）
第111条　代理権は、次に掲げる事由によって消滅する。
一　（略）
二　代理人の死亡又は代理人が破産手続開始の決定若しくは後見開始の審判を受けたこと。
（以下略）

　ルール③は、「又は」で結びつけられた大きなグループのなかでより小さなグループ分けを行う場合には、「若しくは」を使うとい

うことを意味します。そこで、このように「若しくは」が出てきたときは、**まず「又は」に目印をつけて、そこで大きなグループが分けられることを確認**します。

次に、**大きなグループの内部が「若しくは」で分けられていることを確認**しましょう。民法111条1項2号を図示すると、以下のようになります。

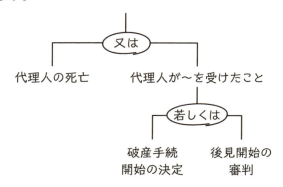

まずはこの「基本的な使い方」をしっかりと理解しましょう！ 次の「応用編」は、複雑な条文に実際に出くわしたときに読めばOKです。

応用編──「又は」のなかに「若しくは」が複数ある場合

次に応用編として、「又は」のなかで「若しくは」が複数回使われる場合を見ていきましょう。先ほど「A若しくはB又はC」というケースを紹介しましたが、このAがさらにA1とA2に細分化され、「A1若しくはA2若しくはB又はC」というようになる場合です。

（例）Ａ１若しくはＡ２若しくはＢ又はＣ

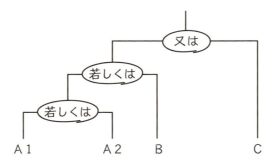

こうなるとかなりややこしいように見えますが、先ほど説明したルールに従えば、スッキリと整理することができます。

この場合も、まず「又は」に目印をつけて、そこで大きなグループが分けられることを確認します。次に、２つの「若しくは」によって区切られている語句の意味のまとまりを考え、グループの内部がどのように区切られているのかを分析するようにしましょう。

このような構造をもつ条文の具体例として、民法903条１項の一部を見てみます。

> ○**民法**
> （特別受益者の相続分）
> 第903条　共同相続人中に、被相続人から、遺贈を受け、又は婚姻①若しくは養子縁組のため②若しくは生計の資本として贈与を受けた者があるときは……（以下略）

この条文は、まず「又は」で大きく２つに分けられます。そして、「婚姻①若しくは養子縁組のため②若しくは生計の資本として」というグループのなかにある語句の意味のまとまりを考えると、このグループはさらに、「婚姻①若しくは養子縁組のため」と「生計の

資本として」とに分けられ、両者は「②若しくは」によって区切られていることがわかります。

したがって、最終的には以下のように整理されることになります。

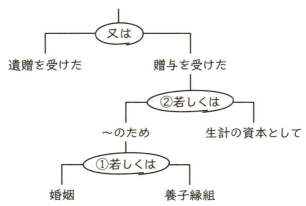

「並びに」と「及び」——「and」にも2つの種類がある

基本的な使い方

「並びに」と「及び」は、どちらも英語の「and」にあたります。これらの用語についても、まずは基本的なルールを確認しましょう。

【ルール①】
2つの内容を「and」でつなげるときは、「及び」を使う。
（例）A 及び B

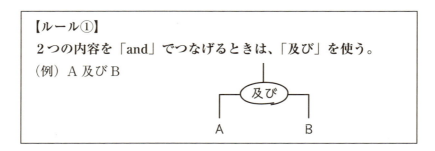

【ルール②】
3つ以上の内容を並列的に並べる場合、最後に「及び」を使い、それ以外のところは「、」を使う。
（例）A、B及びC

【ルール③】
大きなグループとそれより小さなグループがある場合には、「及び」は一番小さなグループ分けに使い、それより大きなグループ分けには「並びに」を使う。
（例）A及びB並びにC

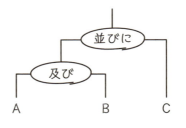

　少し複雑なルール③の具体例として、民法974条2号を見てみましょう。

○**民法**
（証人及び立会人の欠格事由）
第974条　次に掲げる者は、遺言の証人又は立会人となることができない。
一　（略）
二　推定相続人及び受遺者並びにこれらの配偶者及び直系血族
（以下略）

　この条文を図示すると、以下のようになります。

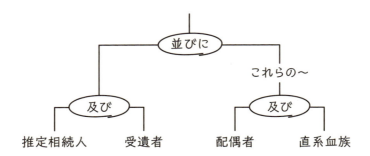

「並びに」と「及び」についても、まずは基本的な使い方をしっかりマスターすればOKですよ〜。

応用編──「並びに」が複数ある場合

「並びに」が複数回使われる条文を目にすることは少ないと思いますが、その読解方法を紹介しておくことにします。

たとえば「並びに」が2回使われる場合、まず「及び」に目印をつけて、それが一番小さなグループ分けに使われていることを確認します。次に、2つの「並びに」によって区切られている語句の意味のまとまりを考え、最も大きなグループ分けに使われている「並びに（大）」と、それより小さなグループ分けに使われている「並びに（小）」を見つけ出します。

そして、「**並びに（大）→並びに（小）→及び**」の順で、条文をグループ分けしていくようにしましょう。具体例として、地方公務員法24条3項を見てください。

○**地方公務員法**
(給与、勤務時間その他の勤務条件の根本基準)
第24条　(中略)
3　職員の給与は、生計費①並びに国及び他の地方公共団体の職員②並びに民間事業の従事者の給与その他の事情を考慮して定められなければならない。
(以下略)

　この条文の場合は、「①並びに」が「並びに(大)」、「②並びに」が「並びに(小)」にあたります。よって、これを図示すると以下のようになります。

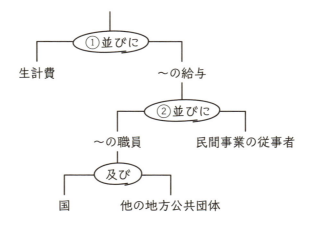

その2 数量や前後関係を表わすことば
──「以」の文字に注目しよう！

■ **数量の基準──以上・超える、以下・未満**

　一定の数量を基準として法令を定めるとき、その基準値が入るかどうかということを明確にしておく必要があります。そのため、法令では「以上」「超える」や、「以下」「未満」などの用語が厳格に使い分けられています。

　すなわち、基準となる数量をふくむ場合には「**以上**」や「**以下**」の表現が用いられ、基準となる数量をふくまない場合には「**超える**」や「**未満**」といった表現が用いられます。なお、「満たない」や「達しない」という用語も、「未満」と同様の意味です。

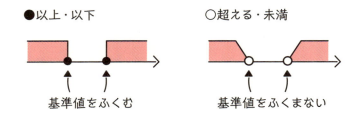

【具体例】
・「50万円以下の罰金」　→　「50万円」をふくむ
・「100万円を超える金額」　→　「100万円」をふくまない
・「18歳未満の者」　→　「18歳」をふくまない

ただし、「〜を超えない」という場合には、基準値をふくんでいることに注意してください。

　たとえば、裁判所法33条1項1号は、簡易裁判所は訴額[23]が「140万円を超えない請求」について裁判できることを定めています。この場合、基準値である140万円がふくまれるので、簡易裁判所は140万円以下の請求について裁判ができるということになります。

▍前後関係の基準——以前・前、以後・後

　「以前」「前」、「以後」「後」は、いずれも一定の時点を基準として、時間的前後関係を表わすときに用いられます。そして、基準となる時点をふくむ場合には**「以前」**や**「以後」**の表現が用いられ、基準となる時点をふくまない場合には**「前」**や**「後」**といった表現が用いられます。

　たとえば、「昭和62年6月1日以前」とされている場合には、基準となる6月1日をふくみ、それより前への時間的広がりを指します。

「以」のついた用語は基準となる値や時点をふくみ、「以」のつかないものはそれをふくまないということですね。

---

23. 訴額とは、原告が請求する権利を金銭に見積もった額のことをいいます。

その3 セットで覚える頻出用語
——「違いのわかる人」になろう

　ここでは、意味が似ていたり読み方が同じであったりして、区別がむずかしい用語について解説します。それぞれの用語の意味の違いに注意しながら、勉強を進めていきましょう。

■ 意味の似ている用語——使い分けに注意！

「推定する」と「みなす」

●推定する
　「推定する」とは、法令の取り扱い上、事実はこうだと一応決めておく場合に使われる用語です。法令のなかでは、「事実Aがある場合には、事実Bがあるものと推定する」というような形で定められています。
　もっとも、推定を否定する証拠がある場合には、それを根拠として推定を覆すことができます。次の条文を見てください。

> ○民法
> （占有の態様等に関する推定）
> 第186条　（略）
> 2　前後の両時点において占有をした証拠があるときは、占有は、その間継続したものと推定する。

　たとえば、ある人が土地の取得時効（民法162条1項）を主張するためには、20年間の占有継続という要件が必要となります。もっ

とも、「ある時点における占有の事実」と、「その20年後の占有の事実」を立証すれば、民法186条2項により、その間ずっと占有が継続していた事実が推定されます。

これに対し、20年間のどこかの時点で他の人が占有を開始した事実などを明らかにできれば、この推定は覆されることになります[24]。

● みなす

「みなす」は**本来性質の違うものを同じものとして取り扱う**場合に使われ、この場合には**証拠を挙げてそれを覆すことは認められません**。

たとえば、民法753条は「未成年者が婚姻をしたときは、これによって成年に達したものとみなす」と定めています。本来、「婚姻をした未成年者」と「成年に達した者」とは違うものですが、この規定により両者は同じものとして扱われ、証拠を挙げてこのことを覆すことはできません。

---

24. 取得時効については、民法（総則）で勉強します。

「その他の」と「その他」

「その他の」と「その他」は一字違いの用語ですが、原則として、両者は区別して使われています。

● その他の

「その他の」という用語は、**それより前に列挙された語句が、その直後の語句にふくまれる関係（包含関係）にある**場合に使われます。つまり、「その他の」の前に列挙されたものは例示に過ぎず、「その他の」の直後の語句がそれらの上位概念であるということです。

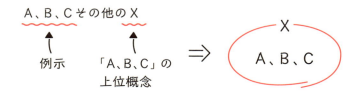

たとえば、会社法295条3項の波線部を読んでみてください。

○**会社法**
（株主総会の権限）
第295条　（中略）
3　この法律の規定により株主総会の決議を必要とする事項について、取締役、執行役、取締役会その他の株主総会以外の機関が決定することができることを内容とする定款の定めは、その効力を有しない。

ここでは「その他の」が使われているので、はじめに列挙された「取締役、執行役、取締役会」は例示に過ぎず、「株主総会以外の機関」はそれらを包む上位概念であることがわかります。

株主総会以外の機関
- ◎取締役
- ◎執行役
- ◎取締役会

● その他

これに対し、「その他」という用語は、**それによって結びつけられる用語が並列関係にある（包含関係にない）**場合に使われます。

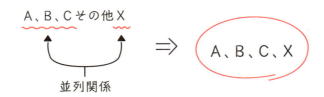

次の条文の波線部を見てください。

> ○**刑事訴訟法**
> 第82条　（略）
> 2　勾留されている被告人の弁護人、法定代理人、保佐人、配偶者、直系の親族、兄弟姉妹その他利害関係人も、前項の請求をすることができる。
> （以下略）

波線部に注目すると、弁護人、法定代理人、保佐人、配偶者、直系の親族、兄弟姉妹、利害関係人は、すべて並列関係にあり、それぞれの間に包含関係はありません。このような場合には「その他」が用いられます。

「準用する」と「例による」

●準用する

「準用する」という用語は、**ある事項に関する規定を、それと類似する他の事項について借用する**場合に用いられるものです。普通は「○○の規定は、～に（ついて）準用する」という形で定められ、これを「準用規定」と呼びます。

準用規定は、同じ取り扱いになるものについての規定の繰り返しを避けるために置かれます。具体例を見てみましょう。

> ○会社法
> （会計参与等の選任等についての意見の陳述）
> 第345条　会計参与は、株主総会において、会計参与の選任若しくは解任又は辞任について意見を述べることができる。
> 2・3　（略）
> 4　第1項の規定は監査役について、前2項の規定は監査役を辞任した者について、それぞれ準用する。この場合において、第1項中「会計参与の」とあるのは、「監査役の」と読み替えるものとする。

会社法345条4項前段は、会計参与に関する同条1項の規定は監査役について準用すると定めています。

また、同条4項後段は、**読替規定**と呼ばれるものです。読替規定は、一般に「この場合において、『A』とあるのは、『B』と読み替

えるものとする」という構造をとり、準用後の条文をどのように読めばよいかを教えてくれます。

　会社法345条1項をこの読替規定に従って読み替えると、「監査役は、株主総会において、監査役の選任若しくは解任又は辞任について意見を述べることができる」ということになります。

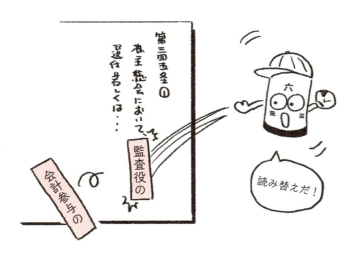

●例による
　「例による」は、**ある事項に関する法制度をまとめて借りてきて、他の事項についても同様の扱いをする**場合に使われます。
　「準用する」が、ある事項に関する個々の規定を引用して他の事項に借用するものであるのに対し、「例による」の場合は、制度を全体として借用する点に違いがあります[25]。たとえば、行政事件訴訟法7条を見てみましょう。

---

25. 「準用する」とまったく同じ意味で、「例による」という用語が用いられる場合もあります。たとえば、刑法234条の「威力を用いて人の業務を妨害した者も、前条の例による」がこれにあたります。

> ○行政事件訴訟法
> （この法律に定めがない事項）
> 第7条　行政事件訴訟に関し、この法律に定めがない事項については、民事訴訟の例による。

　この規定は、民事訴訟の手続ではうまく運用できないものについては行政事件訴訟法に規定を置き、それ以外の事項については丸々民事訴訟の手続（民事訴訟法や民事訴訟規則など）を借りてくることを定めています。

● 例とする

　なお、「例による」と似た用語として、**「例とする」** というものもあります。これは、通常は当該規定の定めたとおりにすべきであるが、合理的な理由があれば、それに従わなくても法律上の義務違反とならないことを表わす場合に使われます。

　具体例としては、公職選挙法別表第二の末尾に書かれた、「この表は、国勢調査（中略）の結果によつて、更正することを例とする」という規定があります。

「違法・不正・不法」と「不当」

違法・不正・不法は、行為や状態が法令に違反することを表わす言葉です。これに対し、**不当**は、行為や状態が法令には違反しないものの、実質的に妥当性を欠いていたり不適切であることを意味します。

会社法382条には、「不正」と「不当」という2つの用語が使われていますので、両者の意味の違いを意識して読んでみましょう。

> ○**会社法**
> （取締役への報告義務）
> 第382条　監査役は、取締役が<u>不正</u>の行為をし、若しくは当該行為をするおそれがあると認めるとき、又は法令若しくは定款に違反する事実若しくは著しく<u>不当</u>な事実があると認めるときは、遅滞なく、その旨を取締役（取締役会設置会社にあっては、取締役会）に報告しなければならない。

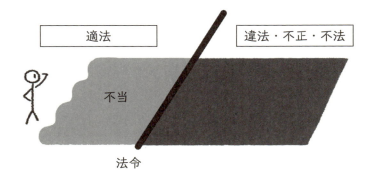

違法が黒だとすると、不当は「グレーゾーン」のイメージですね！

「棄却」と「却下」

　民事訴訟においては、請求や上訴[26]の内容に理由がないとして斥ける裁判を**棄却**といいます。これに対し、手続などが不適法であるため内容を判断することなく門前払いすることを**却下**といいます。

　刑事訴訟においては、公訴[27]や上訴などを斥ける場合をすべて**棄却**といい、それ以外の手続上の申立てを斥ける場合を**却下**といいます。

「公判」と「口頭弁論」

　公判とは、刑事訴訟において、起訴された被告人について公開の法廷で審理を行う手続のことをいいます。

　これに対し、**口頭弁論**とは、民事訴訟において、裁判官の面前において口頭で行われる当事者の弁論のことをいいます。

「被告」と「被告人」

　被告とは民事訴訟上の用語で、原告から民事訴訟を提起された相手方のことをいいます。

　これに対し、**被告人**とは刑事訴訟上の用語で、犯罪を犯したとされて起訴された者のことをいいます。マスコミなどでは、法律上は刑事訴訟法の被告人にあたる者のことを「被告」と表現することが多いですが、厳密にはこれは誤りです。

　なお、犯罪を犯したと疑われているものの未だ起訴されていない者は、「被疑者」と呼ばれます。被疑者のことを「容疑者」と呼ぶ

---

26. 上訴とは、上級の裁判所に対して未確定の裁判の不服を申し立て、再審理を求めることをいいます。上訴には、控訴・上告・抗告といった種類があります。
27. 公訴とは、検察官が裁判所に起訴状を提出し、刑事裁判を求めることをいいます。

ことがありますが、これは法律用語ではありません。

> 同じ用語や似た手続でも、民事訴訟と刑事訴訟の違いに気をつけましょう！

■ 同じ読みで意味が違う用語——書き間違いに要注意！

「時」と「とき」

「時」は時点や時刻を強調する場合に使われるのに対し、「とき」は「場合」と同じ意味で、仮定的条件を表わすために使われます。民法116条本文は、この「時」と「とき」の両方が使われている条文ですので、上記の意味の違いに注意して読んでみましょう。

> ○民法
> （無権代理行為の追認）
> 第116条　追認は、別段の意思表示がないときは、契約の時にさかのぼってその効力を生ずる。（以下略）

前にある「とき」は、「別段の意思表示がない場合には」という意味で、仮定的条件を表わしています。これに対し、うしろにある「時」は、追認の効力が契約の時点にさかのぼることを表わしています。

なお、法令のなかで「とき」と「場合」の使い分けについては、明確な基準はありません。ただし、同じ条文中に大きな仮定的条件と小さな仮定的条件とがある場合には、大きな条件には「場合」を、小さな条件には「とき」を用いるのが一般的です。民法96条２項

がこの例です。

> ○民法
> （詐欺又は強迫）
> 第96条　（略）
> 2　相手方に対する意思表示について第三者が詐欺を行った場合においては、相手方がその事実を知っていたときに限り、その意思表示を取り消すことができる。
> （以下略）

「者」と「物」

「者」は一般に法人格[28]を有するものを意味し、具体的には自然人と法人を指します。これに対し、「物」は行為の客体となる有体物[29]や物件などを意味します。

「者」も「物」もどちらも「モノ」と発音するので、両者を区別するために「者」を「シャ」、「物」を「ブツ」と読むことがあります。

「権限」と「権原」

権限とは、公法の分野では、国又は地方公共団体の機関が法的効果を発生させることができる行為の範囲のことをいいます。その機関の守備範囲のようなものだと考えておいてください。

また、私法の分野では、ある法律関係を成立又は消滅させることができる地位を意味します。特に代理人の地位を表わす場合が多く、

---

28. 法人格とは、権利義務の主体となることのできる資格をいいます。自然人とは、権利義務の主体となる個人（人間）を指し、法人とは、それ以外の権利義務の主体のことを指します。
29. 有体物とは、物理的に空間の一部を占め、形をもって存在するものをいいます。

民法99条1項や110条本文はその例です。

これに対し、**権原**とは、ある行為をすることを正当とする法律上の原因をいいます。たとえば、土地の賃借権は、その土地上に建物を建てる権原にあたります。

「拘留」と「勾留」

拘留は、懲役などと同じく刑法の規定する刑罰の1つです。自由刑（受刑者を拘禁してその自由を奪う刑罰）にあたり、1日以上30日未満の期間、刑事施設に拘置されます（刑法16条）。現在の刑法では、暴行罪（208条）や侮辱罪（231条）などで規定されています。

他方で、**勾留**とは、被疑者や被告人が逃亡したり証拠を隠滅したりしないように身体を拘束する強制処分をいいます。拘留と異なり、判決が確定する前の刑事訴訟法上の処分である点に注意してください。

2つのおまけ

おまけ（1）──「妨げない」

「セットで覚える」というわけではありませんが、おまけとして、**「妨げない」「妨げるものではない」**という用語について説明しておきます。

これらは、ある規定Aが設けられた結果、他の規定や制度との関係に疑問が生じそうな場合において、規定Aが設けられても依然として規定Bや制度Bが機能していることを表わす用語です。例として、次の条文を見てみましょう。

> ○**民法**
> （解除の効果）
> 第545条　当事者の一方がその解除権を行使したときは、各当事者は、その相手方を原状に復させる義務を負う。ただし、第三者の権利を害することはできない。
> 2・3　（略）
> 4　解除権の行使は、損害賠償の請求を妨げない。

　一般に、契約が解除されると契約上の債権・債務ははじめにさかのぼって消滅すると考えられています[30]。とすれば、契約の解除により債務がはじめからなかったことになるのだから、そもそも債務の不履行というものが考えられず、債務不履行に基づく損害賠償請求（民法415条）もできなくなってしまうのではないかという疑問が生じます。

　この疑問に対して、民法545条4項は、解除をしても依然として債務不履行に基づく損害賠償請求ができることを明らかにしています。

おまけ（2）──よくある漢字の間違い

　最後に、蛇足になりますが、漢字を間違えやすい単語を2組紹介します。

　まず、たとえば「表示と意思の不一致」という場合のように、民法などでよく登場する「意思」という言葉があります。このときに「意志」という漢字を使わないように気をつけましょう。「意志」は

---

30. 解除の効果に関するこの考え方を、直接効果説と呼びます。解除の効果については、民法（債権各論）で勉強します。なお、「債権」とは、ある人に対して「～せよ」という特定の行為を請求する権利のことをいいます。他方で、債権の裏返しの意味としての義務のことを「債務」と呼びます。

法律用語ではありません。

　次に、法律のさまざまな分野では「Aの責任を追及する」というような言葉が使われますが、このときに「追求」という漢字を使わないように気をつけてください。「追及」は責任などを問いただすこと、「追求」は目的とするものを手にするために追い求めることを意味します。

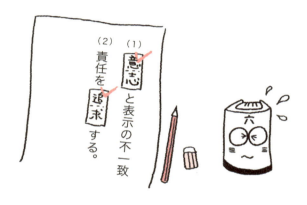

STEP 6

条文に強くなろう
―条文読解のコツ―

その1 条文を読むコツ（1）
―― 条文を分析するクセをつけよう

■短い条文にもたくさんの情報がつまっている！

　条文に強くなるための最初のポイントは、**短い条文のなかにも多くの情報がつまっている**ということを理解し、条文を分析するクセをつけることです。そして、多くの条文は「要件Aが満たされると、効果Bが発生する」という構造をしています[31]。

　そこで、条文を分析する際にも「要件と効果」という観点から考えてみるとよいでしょう。その練習として、少し時間をとって、次に掲げた民法99条1項の条文から代理行為の要件と効果をそれぞれ導いてみてください[32]。

○**民法**
（代理行為の要件及び効果）
第99条　代理人がその権限内において本人のためにすることを示してした意思表示は、本人に対して直接にその効力を生ずる。
（以下略）

■条文から「代理行為の要件」を導く

　……どうでしたか？　要件と効果をうまく導くことができたで

---

31. 要件とは、ある法的な効果が発生するための条件のことをいい、効果とは、法律上の権利や義務のことをいいます。
32. 代理行為については、民法（総則）で勉強します。

しょうか？　まず、要件から考えてみましょう。

　条文の冒頭に、「代理人が」という言葉がありますね。代理人と認められるためには本人から代理権が授与される必要があるので、第1の要件は「代理権授与」だということがわかります。

　次に、条文の真ん中に「本人のためにすることを示してした」という言葉がありますね。これがいわゆる顕名で、第2の要件となります。最後に、条文の前半は「代理人がその権限内において……した意思表示」となっていますので、「代理権限の範囲内の意思表示」が、第3の要件であることがわかります。

　このように条文の文言を分析することで、代理行為の3つの要件が導かれました。

【代理行為の要件】
①代理権授与　←「代理人が」
②顕名　←「本人のためにすることを示してした」
③代理権限の範囲内の意思表示　←「代理人がその権限内において……した意思表示」

条文で「代理行為の効果」を確認

　次に代理行為の効果ですが、これは条文の後半の「本人に対して直接にその効力を生ずる」という文言から明らかです。つまり、意思表示の効果が代理人（意思表示をした人）ではなく本人（代理権を授与した人）に帰属するというのが、代理行為の効果になります。

　たとえば、代理人Aが本人Bを代理してCから車を買った場合、その意思表示の効果はBに帰属するので、CはBに対して売買代金を請求することができます。

【代理行為の効果】
代理人がした意思表示の効果が本人に帰属する。 ←「本人に対して直接にその効力を生ずる」

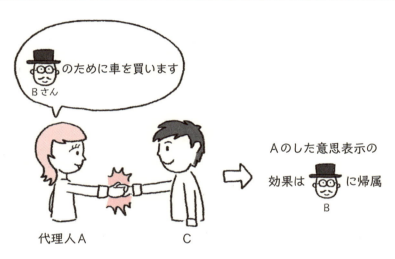

要件と効果という観点から分析すると、短い条文もたくさんの情報をふくんでいることがわかりますね。

その2 条文を読むコツ（2）
——長い条文を理解するテクニック

■ 長い条文を読むときの鉄則

　条文を読むのがむずかしい要因の1つは、その長さにあるということができるでしょう。たとえば、次の長い条文に何が書かれているか、みなさんはすぐに把握できるでしょうか？

○会社法

（株主による責任追及等の訴え）

第847条　6箇月（これを下回る期間を定款で定めた場合にあっては、その期間）前から引き続き株式を有する株主（第189条第2項の定款の定めによりその権利を行使することができない単元未満株主を除く。）は、株式会社に対し、書面その他の法務省令で定める方法により、発起人、設立時取締役、設立時監査役、役員等（第423条第1項に規定する役員等をいう。）若しくは清算人（以下この節において「発起人等」という。）の責任を追及する訴え、第102条の2第1項、第212条第1項若しくは第285条第1項の規定による支払を求める訴え、第120条第3項の利益の返還を求める訴え又は第213条の2第1項若しくは、第286条の2第1項の規定による支払若しくは給付を求める訴え（以下この節において「責任追及等の訴え」という。）の提起を請求することができる。（以下略）

STEP 6　条文に強くなろう

こんなに長いと、目が回りそうになりますね……。

　まずみなさんには、条文は「**最初から順に読もうとしない**」という鉄則を頭に入れてもらいたいと思います。
　長い条文に出会ったら、最初から100％の理解をしようとせず、**まずその条文の大まかな意味をつかむ**ことが大切です。ここではこの鉄則を念頭におき、長い条文の意味を大まかにつかむための３つのテクニックを習得しましょう！

３つのテクニック

テクニック①　見出しで内容を予測せよ！

　58ページで説明した**条文の見出し**は、**条文の内容を予測するのに役立ちます**。そこで、本文を読み始める前にまず見出しを確認し、その条文が何について書かれたものなのかをある程度予測してみましょう。

テクニック②　かっこ書きは飛ばして読め！

　条文のなかにかっこ書きがあると、とたんに条文が複雑になり、意味がつかみにくくなってしまいます。しかも、時にはかっこ書きのなかにさらにかっこ書きがふくまれているような条文にも出会います。
　このような場合には、**まずかっこ書きの中身はすべて無視して、それ以外の部分だけをつなげて読む**ようにしましょう。

> テクニック③　条文の「幹」だけを抜き出せ！

　最後に、**条文の幹となる部分（主語・述語・行為の対象など）を抜き出す**作業を行います。

　条文の幹となる部分に多くの修飾語がついている場合には、どうしても必要となる修飾語以外は、すべて取り払ってしまいましょう。また、いくつもの単語が並列して挙げられている場合には、最もわかりやすい1つだけをピックアップして、あとはすべて無視します。

> この作業は、英語の長文を読むときにまず主語・動詞・目的語などを抜き出して、文の構造を把握するのに似ていますね！

▍3つのテクニックを使ってみよう

> 3つのテクニックで条文をスッキリ整理！

　では実際に、これらのテクニックを使って先ほどの条文を読んでみましょう。

まずは、条文の見出しを確認します（テクニック①）。ここには「株主による責任追及等の訴え」とありますので、株主が誰かの責任を追及する訴訟について定められていることがわかります。
　次に、かっこ書きをすべて取り払います（テクニック②）。すると、この条文は以下のようになりました（取り払った部分は「……」と表記しました）。

> 　6箇月……前から引き続き株式を有する株主……は、株式会社に対し、書面その他の法務省令で定める方法により、発起人、設立時取締役、設立時監査役、役員等……若しくは清算人……の責任を追及する訴え、第102条の2第1項、第212条第1項若しくは第285条第1項の規定による支払を求める訴え、第120条第3項の利益の返還を求める訴え又は第213条の2第1項若しくは第286条の2第1項の規定による支払若しくは給付を求める訴え……の提起を請求することができる。

　少しスッキリしてきましたが、まだかなり長いですね。そこで最後に、条文の幹だけを抜き出してみましょう（テクニック③）。多くの語句が並列されている波線部については、最もわかりやすい「役員等……の責任を追及する訴え」だけをピックアップします。
　すると、最終的には以下のように整理されました。

> 　……株主……は、株式会社に対し、……役員等……の責任を追及する訴え……の提起を請求することができる。

これでやっと、条文の内容を大まかに把握することができました〜！

> 大まかな意味を把握してから詳細を確認する

　役員等の責任を追及する訴えとは、取締役が経営判断を誤ったために会社に損害が生じた場合に、会社がその取締役に対して損害賠償を請求するような訴訟を指します。したがってこの条文は、一定の条件を満たす株主に、このような訴訟の提起を会社に請求することを認めた規定だということがわかります。

　ここまでわかれば、あとは具体的に、請求ができる株主の条件、請求が可能な訴訟の種類、請求の方法などを、細かく読み込んでいけばよいのです。このように、**まずテクニック①～③を用いて条文の大まかな内容を把握し、それから細かいところをチェックしてい**くという手順をふめば、長い条文もこわくありません。

その3 条文を読むコツ（3）
──条文を「見える化」するテクニック

　条文自体は決して長くはないものの、文章を読んだだけでは正確に頭に入ってこない条文もあります。その場合には、**図・表・チャートを書いて内容を「見える化」**すると、記憶の定着に役立ちます。

　以下では、条文の「見える化」に役立つ3つのテクニックを紹介します。

> 【条文を「見える化」する3つのテクニック】
> テクニック①　「枝分かれ図」で全体像を把握
> テクニック②　「比較の表」で制度の違いを明確化
> テクニック③　「手続フローチャート」で手続の流れをイメージ

■テクニック①　「枝分かれ図」で全体像を把握

　条文が複雑に入り組んだ法令や、階層構造をなしている法令などを読み解く際には、**枝分かれ図**を利用すると概念の整理や全体像の把握に役立ちます。

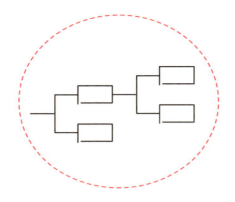

　たとえば、六法で民法の目次を開き、第二編（物権）を見てみましょう。そこでは、第二章の占有権から第十章の抵当権まで、さまざまな物権が列挙されています。これらの物権は、以下の説明文のように分類することができます。

> 民法第二編は、10種類の物権を定めている。このうち、占有権と所有権以外の8つの権利はまとめて制限物権と呼ばれる。制限物権の中でも、地上権・永小作権・地役権・入会権の4つをまとめて用益物権と呼び、留置権・先取特権・質権・抵当権の4つをまとめて担保物権と呼ぶ[33]。

　しかし、民法の条文やこの説明文を読むだけでは、これらの物権の関係を理解することはむずかしいでしょう。このようなときには、枝分かれ図を利用してみましょう。

---

33. 制限物権とは、物の価値の一部のみを支配する物権のことをいいます。用益物権とは、他人の土地を一定の目的のために使用・収益する物権であり、担保物権とは、債権の担保を目的とする物権です。これらはいずれも、民法典にはない整理概念です。

【民法第二編の物権（枝分かれ図）】

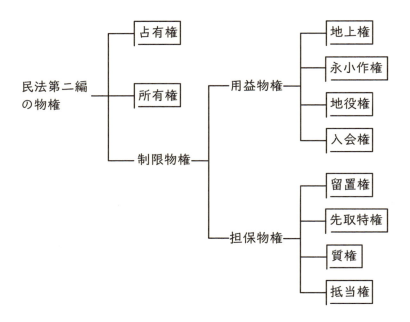

　このように枝分かれ図を使って整理することで、それぞれの物権の関係をひと目で把握することができるようになります。

■テクニック②　「比較の表」で制度の違いを明確化

　複数の制度の共通点と相違点を整理する場合には、**比較の表**をつくるのが効果的です。

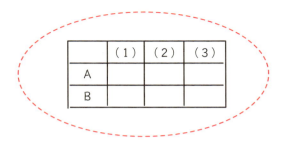

　例として、内閣総理大臣、国務大臣、最高裁判所長官の就任について定めた憲法の各条文を見てみましょう[34]。

○**日本国憲法**
第6条　天皇は、国会の指名に基いて、内閣総理大臣を任命する。
2　天皇は、内閣の指名に基いて、最高裁判所の長たる裁判官を任命する。

第7条　天皇は、内閣の助言と承認により、国民のために、左の国事に関する行為を行ふ。
一～四　（略）
五　国務大臣（中略）を認証すること。
（以下略）

第67条　内閣総理大臣は、国会議員の中から国会の議決で、これを指名する。（以下略）

第68条　内閣総理大臣は、国務大臣を任命する。（以下略）

---

34. 内閣総理大臣、国務大臣、最高裁判所長官の就任と、次の項目の予算の成立手続については、いずれも憲法（統治機構）で勉強します。

複数の条文にまたがってさまざまな規定がありますが、それを「比較の表」にまとめると以下のようになります。

	指名	任命	認証
内閣総理大臣	国会 （67条1項）	天皇 （6条1項）	
国務大臣		内閣総理大臣 （68条1項）	天皇 （7条5号）
最高裁判所長官	内閣 （6条2項）	天皇 （6条2項）	

このような「比較の表」をつくることで、いちいち条文を読み返すことなく、制度の違いを頭に叩き込むことが可能になります。

■テクニック③　「手続フローチャート」で手続の流れをイメージ

手続の流れも、条文を読んでいるだけでは理解しづらいものの1つです。その場合には、**手続の流れをフローチャートにすると理解が早まります**。

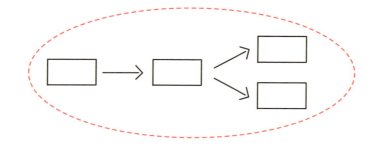

例として、予算の成立手続を定めた憲法60条を見てください。

○**日本国憲法**
第60条　予算は、さきに衆議院に提出しなければならない。
2　予算について、参議院で衆議院と異なつた議決をした場合に、法律の定めるところにより、両議院の協議会を開いても意見が一致しないとき、又は参議院が、衆議院の可決した予算を受け取つた後、国会休会中の期間を除いて30日以内に、議決しないときは、衆議院の議決を国会の議決とする。

【予算の成立手続（手続フローチャート）】

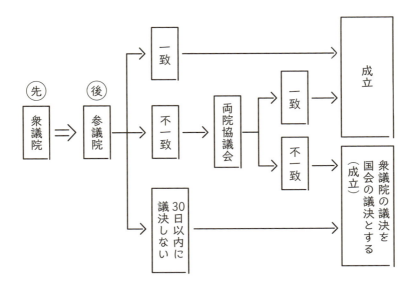

ややこしい手続も、フローチャートにすると流れがひと目でイメージできるようになりますね！

その4 勉強のコツ
——条文を「使える武器」にする

　ここでは、条文を使いこなせるようになるための実践的な勉強法を紹介します。日々の小さなひと手間がやがて大きな力の差となるので、ここで紹介するコツをいつも忘れないようにしてください。

■条文の趣旨と典型例を確認する

　新しい条文に出会ったときにまずすべきことは、①**条文が適用される典型的な場面**と、②**条文の趣旨**という2つのポイントを、教科書などで確認することです。この2つのポイントについて、虚偽表示について定めた民法94条を例に説明します。

> ○**民法**
> （虚偽表示）
> 第94条　相手方と通じてした虚偽の意思表示は、無効とする。
> 2　前項の規定による意思表示の無効は、善意の第三者に対抗することができない。

条文が適用される典型例を覚えよう

　まず、①条文が適用される典型的な場面を覚えておくことによって、**事例を読んだ際にその条文をすぐに思い出せる**ようになります。

　民法94条が適用される典型的な場面としては、多額の借金をしているAが、債権者から自分の土地を差し押さえられるのを防ぐ

ために、Bに依頼をして「AがBに土地を売った」という内容の架空の売買契約を締結した場合があげられます。このような典型例を覚えておけば、似たような事例に出会ったときに民法94条が「ピンとくる」わけです。

条文の趣旨から条文解釈を始めよう

②**条文の趣旨**とは、**条文の目的や存在理由**のことをいいます。つまり、なぜそのような条文が定められているのかということです。

条文の趣旨は、条文の文言のみでは結論が出ない場面において、**条文解釈を行う際に最も重要な根拠**となります。そのため、条文を解釈する際にはその条文の趣旨から議論を始めるというのが、法律家にとって最も基本となる姿勢です。

たとえば、民法94条2項は、善意の（事情を知らない）第三者に対しては、虚偽表示における意思表示の無効を主張することはできないことを定めていますが、その趣旨は、本当の権利者は虚偽の外形を作り出したという非難すべき事情がある一方で、第三者の信頼を保護する必要があると考えられるためです。

このような条文の趣旨に照らして、ここでいう「第三者」はあらゆる他者のことを指すのではなく、法律上の利害関係を持つ者（先ほどの例でいうと、虚偽表示の対象となった土地をBから買い受け

る契約をした者など）に限定されると解釈されています[35]。

このように、条文解釈をするためには条文の趣旨についての知識が不可欠です。そこでまずは、条文を見たらすぐにその趣旨が頭に浮かんでくるよう、いつでも条文の趣旨をチェックするクセをつけるようにしましょう。

> 条文が適用される典型例や条文の趣旨が知りたいときは、法令を条文ごとに解説したコンメンタール（129ページ参照）も便利ですよ〜！

■目次から全体像をイメージする

条文が得意な人は目次好き!?

36ページで紹介した「最初に全体像をつかむ」という秘訣は、条文の勉強にもあてはまります。そこで重要になるのが、法令の目次です。条文を使いこなしている人は、必ず目次をうまく活用しています。

新しい法令に出会ったときは、**まずその目次に目をとおし、大まかにその法令全体の内容を把握しましょう**。目次の項目が多い場合は、「編→章→節→款……」という「くくり（階層）」を意識し、大きな「くくり」から段々と小さな「くくり」へと降りていくイメージで概観していくことをおすすめします。

では実際に六法を用意して、民法の目次を開いてみてください。
まずは最も大きな「くくり」である「編」だけを拾って読んでみると、民法は「総則」「物権」「債権」「親族」「相続」という5つのパートで構成されていることがわかります。法学部では民法をこの

---

35. 大判大正5年11月17日民録22輯2089頁参照。

5つのパートごとに勉強していくのが一般的で、この構成を知ることが民法の全体像を把握するための第一歩になります。

次に、たとえば第三編（債権）のなかにある各章に着目してみましょう。すると、第一章（総則）の後に、第二章（契約）、第三章（事務管理）、第四章（不当利得）、第五章（不法行為）と並んでいます。民法上の債権の発生原因は、契約・事務管理・不当利得・不法行為の4つに分類されますが、上記の第二章から第五章は、この4種類の発生原因に対応していることがわかります[36]。

さらに下の「くくり」を見ていくことにしましょう。第二章（契約）のなかを見ると、「売買」「賃貸借」「雇用」などという名前のついた「節」が並んでいることがわかります。ここから、この章には民法の想定するさまざまな種類の契約について、規定が置かれていることが想像できます。

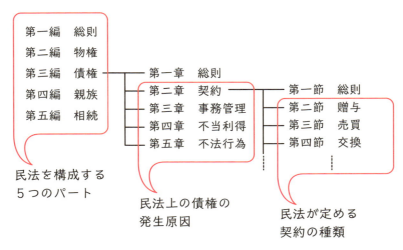

「くくり」に注意しながら目次を眺めていくと、どこにどんな規定が置かれているのかをイメージすることができますね。

---

36. 債権の発生原因については、民法（債権各論）で勉強します。

総則に注目しよう

目次を見る際には、ぜひ**総則**にも注目してください。総則とは、**多くの事柄に共通するルールをあらかじめくくり出して、ひとまとめに規定したもの**です。

民法を例にとると、その最初には第一編（総則）が置かれています。これは、それ以降の第二編から第五編すべてに共通するルールを定めた部分だということです。また、第三編（債権）の第一章（総則）は、それ以降の第二章から第五章すべてに共通するルールを定めた部分になります。

共通する事柄をくくりだして前にもってくるという考え方は、数学で習った因数分解に似ています。ab＋ac＝a(b＋c) のようなイメージですね！

条文を引く際は目次を見返す

法令の目次について、もう1つ押さえておきたいコツがあります。それは、**六法で条文を調べるときはそのつど目次を見返し、その条文の位置を確認する**ということです。

たとえば、お互いの債権を帳消しにする相殺については、民法

505条以下で定められています。これが目次のどの位置にあるかを確認してみると、505条は「第三編（債権）→第一章（総則）→第五節（債権の消滅）→第二款（相殺）」と探していくことで発見できました。

このような作業により、その規定に関する理解を深めることができます。相殺についていうと、この規定は民法上「債権の消滅」の一場面として位置づけられ、その意味で弁済（民法474条以下）などと同列なものとして扱われていることを確認できました。

また、その条文が目次のどこに位置しているかを知ることで、条文を的確かつ素早く探すことができるようになります。たとえば、「相殺は『債権の消滅』のところに規定がある」ということを覚えておくことで、目次からすぐに条文を見つけることが可能になるのです。

正確な条文番号を覚えていなくても、目次を利用すれば条文のだいたいの位置がわかるというわけですね！

参照条文をフル活用する

小さな文字でも大きな効果！

条文の勉強に少し慣れてきたみなさんには、条文を引く際にぜひ**参照条文**にも目を向けてほしいと思います。六法の各条文の末尾にはたいてい小さな文字で参照条文が付されており、これによりその条文に関連するさまざまな規定を知ることができます[37]。

---

37. 参照条文は、六法の編集者が利用者の便宜のために独自の判断で付したものです。そのため、これは正式な法令の一部ではありませんし、出版社によって内容は異なります。また、司法試験の論文試験で配布される六法には参照条文が一切ついていません。

参照条文の効果的な活用方法としては、以下のようなものがあります。

特別法をチェック

注意深く六法を見てみると、ある条文の**特別法が参照条文として挙げられている**ことがよくあることに気づきます。たとえばみなさんの持っている六法では、民法167条1項の参照条文として、商法522条が挙げられていると思います。

46ページでも説明したとおり、商事債権については特別法である商法の522条本文が適用され、その消滅時効期間は5年となります。仮にこのことを知らなくても、民法167条1項の参照条文に目をとおしていれば、商法522条にたどり着くことができます。

このように、条文を引く際に参照条文もチェックすることで、その規定についてどのような特別法が存在するのかを知ることができます。

法律を補足・具体化する政令などをチェック

また、**法律の規定を補足・具体化する政令や規則などを参照条文として挙げている**場合もあります。これにより、法律には書かれていないものの、実務では欠かすことのできない詳細な定めを知ることができます。

会社法120条4項の参照条文として会社法施行規則21条が挙げられているのは、この例です。余裕がある人は、六法で条文を確認してみてください。

■書き込みで「オリジナル六法」をつくる

　条文を使いこなせるようになるための第一歩は、六法をこまめに引くクセをつけ、手持ちの六法と仲良しになることです。そのために私がおすすめするのは、**六法にさまざまな書き込み**をして、自分だけのオリジナル六法をつくることです。

　条文が適用される典型例、条文の趣旨や目的、条文解釈に争いのある文言、用語の定義、関連する他の条文や判例の立場など、書き込みの内容は何でもかまいません。あまり慎重になりすぎず、教科書で学んだ重要なポイントを書き込んでいくとよいでしょう。書き込みのある六法には愛着が湧きますし、復習にも重宝します。

六法に愛着が湧いても、毎年最新の六法を手に入れることは忘れちゃダメですよ〜。

■一度は凡例に目をとおす

　当たり前のことですが、条文を勉強するのに最も重要な道具である六法には、たくさんの情報がつめ込まれています。その情報を見逃さず最大限利用するためには、自分が持っている六法の記載方法や記号を押さえておく必要があります。それらを知るために、一度は自分の**六法の凡例**にも目をとおしてみてください。きっと、今まで気づかなかった発見があるはずです。

たとえば、多くの六法にはうしろに「総合事項索引」がついています。法律用語から条文を探したいときに、役に立ちますよ〜！

その5 六法の種類と条文の探し方

■目的に合った六法を選ぼう──初心者向けから上級者向けまで

　こまめに条文を引くクセをつけたり条文から多くのことを吸収したりするためには、**自分の目的にぴったり合った六法を使う**のが一番です。そして、最近では重要な法令の改正が多いため、どんな六法を使うにせよ、**最新のものを手に入れる**ように心がけましょう。

　六法は大きく分けると、一般的によく使われる法令を集めた**一般的な六法**と、特定の分野の法令を集めた**分野別の六法**[38]とがあります。ここでは、一般的な六法の種類とそれぞれの特徴を紹介していきます。

初学者向けの手軽な六法

　法律の勉強を始めて間もない人には、「**ポケット六法**」（有斐閣）や「**デイリー六法**」（三省堂）などが定番です。これらの六法は安価で、軽くて持ち運びにも便利です。また、大学の法学部で勉強する法令についてはほとんどカバーされていますので、初学者には内容的にも十分といえます。

　また、条文と判例をセットで勉強したいという人のために、「**有斐閣判例六法**」（有斐閣）や「**模範小六法**」（三省堂）といった、比較的安価でコンパクトな**判例付き六法**というものも存在します。

　判例付き六法とは、各条文のうしろに、その条文に関連する判例

---

38. 分野別の六法には、「行政書士試験六法」や「公務員試験六法」などがあります。

の情報が掲載されている六法です。条文を引く際に関連する判例も確認できるので、普段の勉強でこれを使用するのもよいでしょう。ただし、判例についての記述があるため、一つひとつの条文の間隔が空いてしまっている点は、やや使いづらく感じるかもしれません。

上級者向けの本格的な六法

上級者向けの本格的な判例付き六法として、「**有斐閣判例六法 Professional**」（有斐閣）、「**模範六法**」（三省堂）などもあります。どちらもやや値が張り、持ち運ぶには重いものですが、条文と判例の情報量は充実しているので、ある程度勉強が進んできたら試してみるのもよいでしょう。

なお、非常に多くの法令をカバーした「**六法全書**」（有斐閣）もありますが、これはプロの法律家のためのものといえるので、法律を勉強する段階では必要ないでしょう。

■インターネット法令検索──無料ですべての条文が手に入る!?

完全無料のウェブサイトとは

突然ですが、みなさんは、**最新の法令が無料で手に入るウェブサイト**をご存知でしょうか？

このウェブサイトは**法令データ提供システム**[39]というもので、総務省が運営しています。特殊な法律や、政令・省令・規則などといった普段あまり目にすることのない法令も、ここには多数掲載されて

---

39. 法令データ提供システムの URL は、以下のとおりです。
    https://law.e-gov.go.jp

います。また、政府が運営しているため信頼性が高く、頻繁に更新されているので最新の法令を手に入れることができます。

法令データ提供システムはすべてが無料で、条文をデータとして手に入れることができます。ぜひ一度使ってみましょう！

法令データ提供システムの上手な使い方

　法令データ提供システムの特長を活かすためには、**「普段の勉強は紙媒体のコンパクトな六法で、特殊な法令を調べるときは法令データ提供システムで」**という使い分けをするとよいでしょう。

　その際、一度調べた法令はMicrosoft Wordなどの文書ファイルにコピーして保存しておけば、毎回インターネットにアクセスする必要がなくなります。これを繰り返すことで、だんだんと自分がよく使う法令が集積されていきます。

最強コンビ!!

　また、法令データ提供システムは、**「あるキーワードが条文のどこで使われているか」を調べるのに非常に便利である**ということも覚えておいてください。

　たとえば、会社法の公開会社に関するルールを知るため、「公開会社」という用語が条文のどこに登場するかを調べたいとします。その際、会社法の条文を端から端まで自分の目で探すのは大変です。

このような場合には、法令データ提供システムの条文を閲覧するページや、条文をMicrosoft Wordの文書ファイルとして保存したもののなかで、「公開会社」と検索してみましょう[40]。すると、条文のなかで「公開会社」という用語が使われている箇所だけがピックアップされてきます。

コンメンタールも利用しよう

　ある条文について詳しい解説が必要になったときには、**コンメンタール**が役に立ちます[41]。コンメンタールとは**法令を条文ごとに解説した注釈書**で、それぞれの条文の趣旨や、学説、判例、法改正の情報などが紹介されています。
　コンメンタールは情報量が非常に多いので、1つの条文について詳しく知りたいときに便利です。ぜひ図書館などで探してみてください。

---

40. キーワードを検索するときは、「Control ＋ F」ボタンを押すか、検索窓を探してキーワードを入力しましょう。
41. 「コンメンタール」「逐条解説」「条解○○法」など、さまざまな書名で市販されています。

第3部

判例編

................Hanrei-king................

STEP 7

判例のことを知ろう
―判例理解の基礎知識―

その1 判例とは何か

　このPartから、判例の勉強に入っていきます。まずは判例という言葉の意味を押さえるところから始めましょう。

判例の定義

　判例という用語は、場面によってさまざまな意味で使われます。個々の裁判そのものを指して「○年○月○日の判例」と言う場合や、それぞれの裁判の理由中で示された判断を判例と呼ぶ場合もあります。また、ある論点についての最高裁判所の考え方を判例と呼び、「判例の立場は○○説である」などと言うこともあります。

　本書においては、原則として、判例とは**過去のある事件において最高裁判所が示した法律的判断**を指すこととします[42]。Step 2では、「判例は実務を支配する」という言葉を紹介しました。そして、数ある裁判のなかでも、先例として拘束力をもち実務を支配するのは、過去のある事件において最高裁判所が示した法律的判断だけであると考えられています。そこで、本書ではこれを判例の定義とします。

　判例をこのように定義した場合、以下の2つの点に注意が必要です。

---

[42]. 本書においても、この定義とは異なる意味合いで判例という言葉を用いる場合があるので、そのつど注意してください。

■注意点① 最高裁判所の判断だけが判例になる

まず注意しなければならないのは、全国の裁判所が下した判断のうち、**拘束力のある判例として意味をもつのは、最高裁判所によるものに限られる**という点です。

みなさんもご存知のとおり、日本の裁判所は最高裁判所と下級裁判所（高等裁判所、地方裁判所、家庭裁判所、簡易裁判所）に分けられます。そのなかでも、**最高裁判所は全国にある下級裁判所の判断を統一する機能を担っている**ため、実務においては最高裁判所の判断が最も重視されます。したがって、拘束力があるのは最高裁判所の判断のみであると考えられています。

もっとも、下級裁判所の判断に拘束力は認められませんが、「下級裁判所が過去に○○と判断している」ということがまったく意味をもたないわけではありません。下級裁判所の判断も公式な裁判であることに変わりはないので、法律の議論において参考にされることが多々あります。

なお、拘束力のある最高裁判所の判例と区別するために、拘束力のない下級裁判所の判断を、**裁判例**または**下級審裁判例**と呼ぶことがあります。

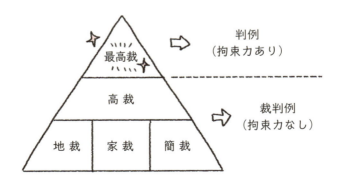

■注意点② 傍論は「判例」ではない

判例と傍論

　次に、**最高裁判所が示す判断のすべてに拘束力があるわけではない**という点にも注意が必要です。

　最高裁判所の判断のうち、**結論に直結する部分（結論を出すのに必要不可欠な部分）には拘束力が認められ**、この部分は**判例**と呼ばれます。他方で、それ以外の**結論に直結しない部分には拘束力が認められず**、この部分は**傍論**と呼ばれます。

　つまり、最高裁判所の判断には、「拘束力のある判例」と「拘束力のない傍論」の2つがふくまれているということです。

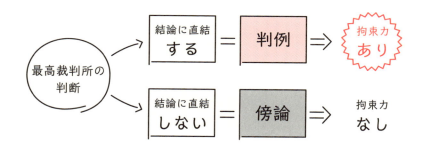

具体例で考えよう

　たとえば、14ページで検討した、Xが女性の毛髪を切断したというケースを思い出してください。このケースでは、「毛髪の切断が傷害罪における『傷害』にあたるか」という論点についての判断が、傷害罪の成否という結論に直結します。したがって、たとえば最高裁判所が「毛髪の切断は『傷害』にあたらない」という判断をした場合には、その部分は拘束力のある判例になります。

他方で、仮に最高裁判所が上記の判断に続けて、「なお、『傷害』は暴行によるものだけをいうのではない。ラジオや目覚まし時計を大音量で鳴らし続けて睡眠障害等に陥れる行為も『傷害』にあたる」などと補足をしたとしても、これは結論に直結する判断ではありません。したがってこの部分は傍論に過ぎず、拘束力がないということになります。

> 実際には、判決文のある部分が判例と傍論のどちらにあたるかの判断がむずかしい場合も多いよね。論者によって意見が分かれることもよくあるよ！

その2 判例の拘束力
——事実上の拘束力とは何か？

■「事実上の拘束力」の意味

> 判例は法源にあたるか？——判例は裁判官共通の基準

　イギリスなど、裁判所が過去に下した判断が法として機能する判例法主義が採られている国においては、判例が法源にあたるということは明らかです。では、成文法主義を採る日本において、なぜ判例に拘束力が認められ、判例が法源となるのでしょうか？　その理由は以下のとおりです。

　全国では数多くの裁判官が日々裁判をしていますが、類似する事柄についてそれぞれの裁判官が異なる判断をしていては不公平が生じ、妥当ではありません。したがって、各裁判官はできるだけ同じ判断基準をもっていることが理想的といえます。
　そこで、全国の裁判官は判例を基準として自らの裁判を行うとすることで、**判断基準の統一**が図られています[43]。このようにして、**判例は裁判官の判断を事実上拘束する**ため、その点に着目して、「判例は法源にあたる」と言われているわけです。

---

43. 最高裁判所の判例と相反する判断がなされた場合、民事訴訟では上告受理の申立てが、刑事訴訟では上告の申立てができるとされています（民事訴訟法318条1項、刑事訴訟法405条2号）。

事実上の拘束力——法令との違い

このように、判例が法源にあたるとはいっても、判例には**事実上の拘束力**があるに過ぎないと考えられています。この事実上の拘束力は、**成文法のような絶対的な拘束力ではありません。**

したがって、裁判官はいつでも必ず判例に従わなければならないというわけではなく、**事案によっては判例と異なる判断をする**場合もあります。また、法令に反する裁判は違法なものですが、裁判官が判例に反する裁判をしたとしても、それが直ちに違法となるわけではありません。

このように、判例の事実上の拘束力は、「各裁判官の判断の統一のため、裁判官は判例に従って裁判をする傾向がある」という程度のもので、法令がもつ拘束力に比べると弱いものであるといえます。

■判例と判例法理——判例が法を創造する

　以上のように、判例は基本的には事実上の拘束力をもつに過ぎないのですが、**同じ判断が繰り返されることによって「確立した判例」となり、その内容が新たな１つの法として力をもつ**こともあります。このように判例の集積によって創造された一種の不文法は、個々の判例とは区別して**判例法理**と呼ばれます。

　私たちが生きる社会は複雑で常に変化しているため、法令を単純に適用するだけでは解決できない紛争が日々生じます。したがって、あらゆる紛争を解決できる「完全な法令」をあらかじめつくることは不可能です。すなわち、法令には欠けているところ（これを「法令の欠缺」と呼びます）があるということです。

　そして、判例法理は、法令の欠缺を埋めることで事件の解決を図るという役割を担っています。

■判例は「変更」される

判例変更とは

　先ほど説明したとおり、判例は絶対的な拘束力をもつ法源ではありません。そのため、社会的な事情や考え方の変化などを反映して**最高裁判所がそれまでの判断を改める**場合があり、これを**判例変更**

と呼びます。判例変更がなされると、変更された判例は事実上の拘束力を失い、変更後の新たな判例がそれに変わって実務を支配することになります。

判例変更とひと口にいっても、①特定の判例を変更することを明示する場合、②どの判例を変更するか具体的には明示せず、「判示と抵触するそれまでの判例を変更する」とだけ述べる場合、③判例変更することを明言しない場合など、さまざまな種類があります。

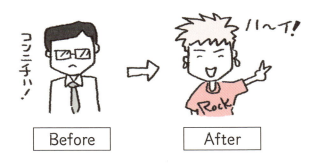

判例変更の例

有名な判例変更の例としては、**有責配偶者からの離婚請求**が認められるかという論点についての判例があります[44]。有責配偶者とは、不倫など自ら離婚の原因をつくって婚姻関係を破綻させた者をいいます。

たとえば、夫の不倫が原因で関係が破綻し、長期間別居している夫婦がいたとします。この場合、民法770条1項5号の「婚姻を継続し難い重大な事由」があるとして、妻のほうから裁判で離婚を請求することができます。問題は、この場合に有責配偶者である夫のほうからも、離婚を請求することができるかどうかです。

従来の判例は、このような有責配偶者からの離婚請求を全面的に

---

44. 離婚については、民法（親族）で勉強します。

否定してきました。しかし、最大判昭和62年9月2日民集41巻6号1423頁は、夫婦の別居が長期間に及び夫婦の間に幼い子がいない場合には、有責配偶者からの離婚請求が認められる場合があるとして、従来の判例を変更しました。

強い判例と弱い判例

　このように、判例は常に変更される可能性を秘めているものですが、変更される可能性の低い判例を**強い判例**、その可能性が高い判例を**弱い判例**と呼ぶことがあります。

　同じ判断が長年にわたって繰り返されて「確立した判例」になっている場合や、現代の社会常識に合致し、特に有力な異論もないような場合には、強い判例であるということができます。

　他方で、学者や実務家からの異論が多い判例は、比較的弱い判例であるといえるでしょう。弱い判例については、下級裁判所が学者や実務家の意見を反映させて判例とは異なる判断を下し、それをきっかけとして最高裁判所が判例変更を行うケースもよくあります。

その3 判例を読む前に（1）
——三審制と最高裁判所

判例の意義を理解できたところで、次に、判例理解の前提となる形式的な知識も押さえておくことにしましょう。

三審制の流れ

三審制とは

日本では、裁判に対する不服を申し立てる制度として**三審制**が採用されています。三審制とは、**同じ事件について3回の裁判の機会を与える制度**です。そのため、裁判の当事者には2回の上訴の機会が与えられることになります[45]。

三審制における審級には、事実関係と法律問題の両方を審理する**事実審**と、事実審の裁判が法令に違反しないかを審理する**法律審**とがあります。

民事訴訟では、第一審と控訴審が事実審で、上告審は法律審です。

刑事訴訟においては、第一審は事実審で、控訴審は事実審にも法律審にもなります。上告審は法律審ですが、事実問題を判断することができる場合もあります。

---

45. 三審制の仕組みについては、民事訴訟法や刑事訴訟法で勉強します。

控訴と上告

第一審の判決に対する上訴を**控訴**といい、これを扱う裁判所を**控訴審（第二審）**と呼びます。控訴審の判決に対する上訴を**上告**といい、これを扱う裁判所を**上告審（第三審）**と呼びます。

また、上訴の対象となった判決を**原判決**、その判決を下した裁判所を**原審**と呼びます。たとえば、147ページで紹介する判決の場合には、東京高等裁判所が原審にあたり、東京高等裁判所による判決が原判決にあたります。

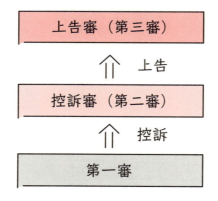

控訴と上告の流れについては、基本的には以下の3つのパターンがあります。

【パターン①】
　三審制の原則的な形は、地方裁判所が第一審を担当し、控訴審は高等裁判所、上告審は最高裁判所となる場合です。まずはこの基本形をよく覚えておきましょう。

【パターン②】

　訴額が 140 万円以下の民事事件や、軽微な刑事事件は、簡易裁判所が第一審を担当できます（裁判所法 33 条 1 項）。この場合、民事事件の控訴審は地方裁判所、上告審は高等裁判所になります。また、刑事事件の控訴審は高等裁判所、上告審は最高裁判所になります。

【パターン③】

　夫婦・親子関係などの事件について家庭裁判所が第一審を担当する場合、控訴審は高等裁判所、上告審は最高裁判所になります。

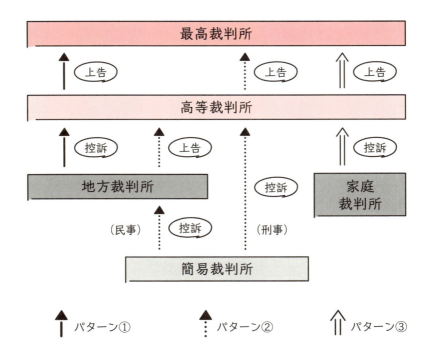

最高裁判所の概要

　最高裁判所は昭和22年の日本国憲法の施行により設置されましたが、それ以前の明治憲法においては、今の最高裁判所に相当する裁判所は**大審院**(たいしんいん)というものでした。そのため現在でも、古い判例として大審院判例というものを目にすることがあります。

　最高裁判所は15人の裁判官で構成されており、3つの**小法廷**と、裁判官全員で構成される**大法廷**とが存在します。事件はまずは小法廷で審理されますが、判例変更を行う場合など、一定の場合には必ず大法廷での審理が必要となります。

　先ほど説明したとおり、拘束力のある判例として意味をもつのは、最高裁判所の判断に限られます。そして、三審制において最高裁判所は上告審を担当し、全国にある下級裁判所の判断を統一する機能を担っています。

事件が大法廷に回されると判例が変更される可能性が高いから、それだけで大きなニュースになるよ！

その4 判例を読む前に（2）——判決文の構造

判決文の構造を知ろう

ここでは実際の判決文を素材として、その構造を学んでいきましょう。以下に掲げたのは、大学が開催した外国要人の講演会の参加申込名簿が、無断で警察に提出されたことの違法性が問題となった事件[46]の判決文です。

以下では便宜上、判決文の全体を3つのパートに分けて説明します。判決文を適宜参照しながら、それぞれのパートの役割と構成を確認していきましょう[47]。

○損害賠償等請求事件[①]

平成14年（受）第1656号[②]
同15年9月12日第二小法廷判決[③] 破棄差戻し[④]

【上　告　人】　控訴人　原告　A　外2名
　　　　　　　　　　　　　代理人　B　外12名[⑤]
【被上告人】　被控訴人　被告　C大学
　　　　　　　　　　　　　代理人　D　外11名[⑤]
【第　1　審】　東京地方裁判所　平成13年10月17日判決[⑥]
【第　2　審】　東京高等裁判所　平成14年7月17日判決[⑥]

---

46. 最判平成15年9月12日民集57巻8号973頁。
47. この判決文は最高裁判所民事判例集の体裁を模したものですが、判決要旨末尾の参照条文は割愛しています。学習用判例集では、ここに列挙した情報の一部のみが掲載されるのが通常です。

○判示事項⑦
1 大学主催の講演会に参加を申し込んだ学生の氏名、住所等の情報は法的保護の対象となるか
2 大学がその主催する講演会に参加を申し込んだ学生の氏名、住所等の情報を警察に開示した行為が不法行為を構成するとされた事例

○判決要旨⑧
1 大学が講演会の主催者として学生から参加者を募る際に収集した参加申込者の学籍番号、氏名、住所及び電話番号に係る情報は、参加申込者のプライバシーに係る情報として法的保護の対象となる。
2 大学が講演会の主催者として学生から参加者を募る際に収集した参加申込者の学籍番号、氏名、住所及び電話番号に係る情報を参加申込者に無断で警察に開示した行為は、(中略)参加申込者のプライバシーを侵害するものとして不法行為を構成する。
(2につき反対意見がある。)

○主　　文⑨
原判決中、プライバシーの侵害を理由とする損害賠償請求に関する部分を破棄する。
前項の部分につき本件を東京高等裁判所に差し戻す。

○理　　由⑩
　上告代理人B、同E、同Fの上告受理申立て理由について
1　原審の確定した事実関係の概要は、次のとおりである。
⑴　被上告人は、C大学等を設置する学校法人である。(以下略)

■ (1) 事件の概要を知るパート

　はじめは、**事件に関する基本的な情報を得る**ためのパートです。ここは軽く目をとおす程度でよいですが、①事件名、④結論、⑤当事者などを確認することで、事案の大枠をつかむことができます。

①事件名

　判決文の最初に事件名が掲げられます。事件名とは、原告の請求内容や、被告人が起訴されている犯罪を簡潔にまとめた名称です。複数の請求がある場合には、本件のようにまとめて「等」と記載されます。

②事件番号

　事件番号とは、いわば特定の判例を見分けるための背番号のようなものです。一つひとつの訴訟には事件番号が付されており、「最高裁判所平成14年（受）第1656号」が本件の事件番号となります。

事件番号は、事件を受理した裁判所と年、事件の種類[48]、受理番号によって構成されています。

③裁判年月日など

　裁判がなされた日付に続けて、裁判の種類（判決又は決定）や、最高裁判所の大法廷と小法廷のどちらで審理及び裁判が行われたかが記載されます。

④結論

　最高裁判所が行う裁判の種類としては、上告棄却、上告却下、破棄差戻し、破棄自判などがあります[49]。このうち、**上告棄却**と**上告却下**については、棄却と却下について解説した96ページを参照してください。

　破棄差戻しと**破棄自判**は、いずれも適法な上告がされ、かつ、上告理由が認められる（上告した人の主張を認容する）場合の判決です。このうち、破棄差戻しは、上告した人の主張を認めて原判決を破棄し、そのうえで原裁判所にもう一度審理をさせるものです。破

---

48. 本件の「事件の種類」は「(受)」とされており、これは民事の上告受理事件であることを示す符号です。その他、民事の上告事件は「(オ)」、刑事の上告事件は「(あ)」など、事件の種類によってさまざまな符号が割り当てられています。
49. 最高裁判所が行う裁判の種類については、刑事訴訟法や民事訴訟法で勉強します。

棄自判は、原判決を破棄したうえで、さらに最高裁判所が自ら裁判を行うものです。

⑤当事者

　民事訴訟においては、訴訟が第一審・控訴審・上告審と進んでいくに従って、当事者の呼び方が変わります。すなわち、第一審では原告・被告、控訴審では控訴人・被控訴人、上告審では上告人・被上告人と呼ばれます。

　刑事訴訟においては、当事者は常に検察官と被告人と呼ばれます。

⑥下級審判決

　第一審と控訴審を担当した裁判所や、それらの裁判年月日が記載されます。

(2) 判例の要点を知るパート

　2つ目は、その判例で最も重要なポイントを確認するためのパートです。このパートで判例の要点を押さえておくことで、分量が多く内容も複雑な次の「(3) 判決文の中身を知るパート」を、効率よく読み進めることが可能になります。

⑦判示事項

　判示事項とは、⑧で見る判決要旨をさらに簡潔にまとめたものです。また、事件の争点もここに記載されることがあります。
　なお、判示事項と判決要旨の部分は裁判所それ自体によりつくら

れるものではなく、裁判の後に最高裁判所判例委員会という組織が作成します。

⑧判決要旨

　判決要旨は、事案の概要や、争点とそれに対する判断などを要約したものです。これを読めば判例の要点を知ることができるので、非常に重要な部分です。

　もっとも、判決要旨だけでは、事案の特殊性、結論にいたった思考過程、裁判所が重視した事情などを知ることはできません。したがって、判決要旨だけを読んでその判例を理解した気にならないように注意しましょう。

■（3）判決の中身を知るパート

　3つ目はいよいよ、**最高裁判所の判断それ自体を知る**ためのパートです。

⑨主文

　主文は判決の結論を簡単に述べたもので、上告審では上告人が求めた裁判に応答する形式で記載されます。

⑩理由

　理由は、判決文のなかで一番のメインとなる部分です。ここでは、争点に関する最高裁判所の判断や、主文の結論にいたった思考過程が詳細に論じられます。判例は「過去のある事件において最高裁判所が示した法律的判断」と定義されますが、その判断も理由のなか

で述べられます。

理由の中身は判決によってさまざまですが、多くの場合、以下の内容がふくまれています。

■**確定した事実**

上告審は法律審なので、基本的に事実審で確定された事実を前提とします。理由のなかで、判決の前提とされた事実が改めて確認されることがあります。

■**訴訟の経緯**

第一審や控訴審の訴訟がどのようなものであったかが記載されることがあります。

■**法的判断**

上告理由に対する、最高裁判所の見解が述べられます。判例の勉強においては、ここが最も重要な部分です。

■**裁判官の少数意見**

法廷意見（多数意見）の後に、それとは異なる少数意見が記載されることもあります。これについては、次の項目で解説します。

少数意見にも目をとおそう

少数意見とは、法廷意見（多数意見）と結論や理由が異なる意見のことをいいます。

裁判所法11条は、最高裁判所の「裁判書には、各裁判官の意見を表示しなければならない」と定めています。これは、最高裁判所の裁判官には国民審査の制度があり（憲法79条2項ないし4項）、各裁判官の意見がその判断材料として必要になるためです。

少数意見には、以下の3つの種類があります[50]。

---

50. 本書の整理とは異なり、①補足意見と②意見は「少数意見」にふくまれない（「少数意見」とは③反対意見のみを指す）とする考え方もあります。

①補足意見
　結論・理由ともに法廷意見に賛成し、さらに説明を加える場合。
②意見
　理由は異なるが、結論は法廷意見に賛成する場合。
③反対意見
　結論・理由ともに法廷意見と異なる場合。

これを整理すると、次の表のようになります（○が賛成、×が反対です）。

	①補足意見	②意見	③反対意見
法廷意見の結論について	○	○	×
法廷意見の理由について	○	×	×

170ページ以下でも説明するとおり、少数意見を読むことは法律の勉強にとても役立ちます。重要な判例については、ぜひ少数意見にも目をとおすようにしてください。

法廷意見　　　　　　　　　少数意見

STEP 8

判例に強くなろう
―判例理解のコツ―

その1 よくある失敗例
——こんな人は要注意！

　これからいよいよ、判例に強くなるためのコツを紹介していきます。もっともその前に、多くの人が陥りやすい「失敗例」を見てみることにしましょう。みなさんは、こんな状態に陥ってはいませんか？

失敗例①——判旨だけで勉強した気になる

　法律の勉強を始めたばかりの人のなかには、教科書や学習用判例集が引用している**判旨だけを読んで**、「わかった」気になる人が多くいます。

　しかし、この読み方は大変危険です。なぜならこの読み方では、事案と判示の関係、結論にいたる思考過程や理由づけ、判例の射程など、判例学習にとって最も大切な部分がすべて抜け落ちてしまうからです。これでは判例を勉強したことにはなりませんし、判例を武器にすることはできません。

失敗例②——がんばったけど途中で挫折

　他方で、判旨だけでは不十分だという話を聞いて、**長い判決文をすべて読もうと意気込み、途中で挫折してしまう人**もいます。

　判決文の始めから終わりまでを読みとおそうとすると、1つの判例だけで丸一日かかってしまうことも珍しくありません。これでは、判例の理解を深める前に、それを読む気力すら失せてしまうでしょう。

　したがって、判決文をすべて読もうとする勉強の仕方も、決して効果的な方法とはいえません。

その2 事案を把握する3つのチェックポイント

■事案と判示をセットで覚える──事案の重要性

　ここからは、以上のような失敗に陥らないためのコツを紹介していきましょう。

　まず、判例を読む際に最も大切になるのは、**事案との関係で判示を理解する**ということです。条文や学説がある程度抽象的にならざるを得ないのと異なり、裁判所が具体的な事案を離れて裁判をすることはありません。そのため、判例を読む際には、その前提となった事案もセットで理解することが重要です。

　そして、事案を把握する段階では、以下の3つのチェックポイントを意識するように心がけましょう。

【3つのチェックポイント】
①事実関係の整理──どんな事実関係か？
②請求の確認──請求は何か？
③争点の特定──争点はどこか？

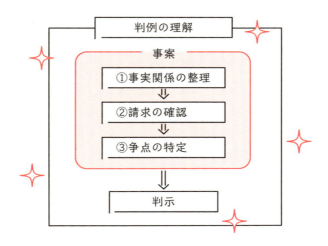

　これらのチェックポイントを順に学んでいくために、まずは次のケースを読んでみてください。

> **ケース**
>
> 平成5年4月2日、Aの父が死亡し、Aは建物甲を相続した。平成10年6月1日、AはBに騙され建物甲をBに売却したが、平成11年4月10日、Aは詐欺を理由にこの売買契約を取り消した。しかしその後、BはCに対し、平成11年1月30日に建物甲を売却していたことが判明した。
> AはCに対して、建物甲の返還を求めることができるか。

①事実関係の整理――どんな事実関係か？

2つの方法

　事案を把握するための第一歩は、**事実関係を整理する**ことです。判例を読んでいると、多くの人物が登場したり、いくつもの契約

関係があったりと、複雑な事案に出くわすことがよくあります。そのようなときには、事実関係の整理が欠かせません。ここでは、そのためのテクニックとして**時系列**と**関係図**を利用する方法を紹介します。

　以下では、時系列と関係図を利用して、先ほどのケースの事実関係を整理していきましょう。

時系列をつくる

　このケースのように、登場人物の複数の行為が問題となる場合には、まず**時系列で出来事を書き出す**とよいでしょう。これにより、出来事の時間的な順序を把握しやすくなります。このケースでは、以下のような時系列を書くことができます。

【時系列】
①平成5年4月2日　　　Aの父が死亡→Aが建物甲を相続。
②平成10年6月1日　　 AがBに建物甲を売却。
③平成11年1月30日　　BがCに建物甲を売却。
④平成11年4月10日　　Aは詐欺を理由に②の売買契約を取消し。

関係図を描く

　さらに、複数の登場人物の関係を視覚的に把握するためには、**人間関係や契約関係などの関係図を描く**ことが何より大切です。関係図を描く方法に特に決まりはありませんが、下記の例なども参考にして、自分なりのルールを決めておくとよいでしょう。

〈関係図を描くときのルールの例〉
・意思表示をした場合（実線の矢印）　　　――――▶
・物を売却した場合（二重線の矢印）　　　====▶
・何らかの請求をした場合（波線矢印）　　　〜〜〜▶
・相続（点線の矢印）　　　　　　　　　　　……▶

　また、関係図のなかにそれぞれの出来事の日付を書き込んだり、下記の例のように、①、②などの記号を使って時間的な順序をメモしたりしておくと、よりわかりやすくなります。

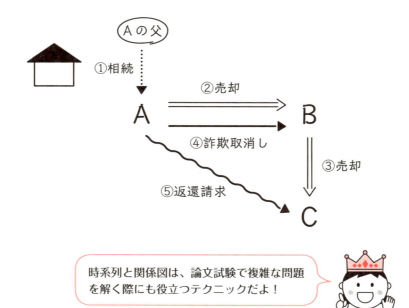

時系列と関係図は、論文試験で複雑な問題を解く際にも役立つテクニックだよ！

②請求の確認――請求は何か？

　事案を把握するための2つ目のチェックポイントは、その**訴訟における請求を確認する**ことです。これは特に、民事訴訟で必要となる視点です。具体的には、①**誰の**（**原告**）、②**誰に対する**（**被告**）、

③何を求める請求か（訴訟物[51]）という3点を押さえるようにしましょう。

　民事訴訟の最終的な目的は、原告の被告に対する請求が認められるか否かを決することにあります。そのため、その訴訟で何が請求されているかということを押さえない限り、その判例を理解することはできないのです。

　今回のケースでは、「①Aの、②Cに対する、③建物甲の返還を求める請求」が問題となっていることがわかります。

> 請求を確認するという作業は、憲法や行政法などの判例を勉強するときにも大切だよ！

③争点の特定――争点はどこか？

　事案を把握するための作業の最後は、**争点（その事案で争われている論点）を特定する**ことです。争点に対する裁判所の判断が判例となるため、判例を理解する前提として、争点はどこかを明らかにする必要があります。

　その際、どの条文のどの文言の解釈が争われているのかなど、できるだけ具体的に検討することが大切です。また、その争点は請求との関係でどのような意味をもつのか、結論を出すためになぜその争点が問題となるのかという点についても、よく考えてみるようにしましょう。

　今回のケースでは、Cが民法96条3項の「第三者」として保護されるかが争点となることが考えられます[52]。

---

51. 訴訟物とは、民事訴訟における「訴訟の目的」のことで、訴訟において審判の対象となる権利・法律関係をいいます。訴訟物の意義については、民事訴訟法で勉強します。
52. 大判昭和17年9月30日民集21巻911頁などを参照。民法96条3項の「第三者」の意義については、民法（総則）で勉強します。

その3 判決文を読むコツ

　事案を把握することができたら、いよいよ判決文を読んでいきましょう。ここでは、判決文を効率的に読み進め、そこから多くのことを吸収するためのコツを紹介します。これは学習用判例集の判旨を読む際にも役立つものですので、しっかりとマスターしてください。

■ まず全体を俯瞰する

見出しで全体像をつかむ

　本書で何度か述べてきたとおり、法律を勉強するときの秘訣は、最初に全体像をつかむことです。判決文を読み始めるときにも、この秘訣があてはまります。

　具体的には、最初に**判決文のなかの見出しを色で塗る**などして目立たせて、どこに何が書かれているのかをある程度把握し、判決文の全体像を確認します[53]。たとえば、Step 9 で勉強する憲法の薬事法事件判決の場合には、次ページのように見出しに色をつけるとよいでしょう。

---

53. パソコンを使って判決文を読む際には、PDF や Microsoft Word などの編集機能（「蛍光ペン」や「フォントの色」など）を利用するとよいでしょう。

○理　由

1　憲法22条1項の職業選択の自由と許可制
(1)　憲法22条1項は、何人も、公共の福祉に反しないかぎり、職業選択の自由を有すると規定している。職業は、人が自己の生計を維持するため……
(2)……
(3)……
2　薬事法における許可制について。
(1)　薬事法は、医薬品等に関する事項を規制し、その適正をはかることを目的として制定された法律であるが……
(2)……

もとの判決文に見出しがついていない場合には、自分で適当な見出しをつけてみよう！

重要部分をピックアップする

　見出しを利用して判決文の全体像を把握できたら、限られた時間のなかで効率よく判例を理解するため、事件の争点との関係で**特に重要な部分をピックアップして印をつけましょう**。そのうえで、**印をつけた部分だけを重点的に読み**、**それ以外は軽く読み流す**という方法をおすすめします。
　判決文の重要な部分を見つけるのはむずかしい作業ですが、1つのヒントは、その**事案の争点と密接に関連している部分を探す**という視点です。一般に、争点に関連する度合いが高い部分は、重要な判断である可能性も高いということができるでしょう。

情報を取捨選択して必要な部分だけを抜き出すスキルは、法律家にとってとても大切だよ！

ロジックフローで論理展開を整理する

　判決文の重要な部分を見つけることができたら、いよいよその中身を読み込んでいくことになります。その際、**ロジックフローを書く**ことで、**複雑な判示の思考過程を整理する**ことができます。ここでいうロジックフローとは、**矢印**などを使って**論理展開を整理した**もの</u>のことを指しています。

　例として、尊属殺重罰規定に関する最大判昭和48年4月4日刑集27巻3号265頁の判旨を読んでみてください。
　かつての刑法200条は、直系尊属（父母や祖父母など）を殺害した者は死刑か無期懲役に処するということを定めていました[54]。この事件では、この規定があまりに重過ぎる刑罰を科するものであるとして、憲法14条1項に違反しないかが問題となりました。

【判旨】
「刑法200条の立法目的は、尊属を卑属またはその配偶者が殺害することをもつて一般に高度の社会的道義的非難に値するものとし、かかる所為を通常の殺人の場合より厳重に処罰し、もつて特に強くこれを禁圧しようとするにある」。「尊属に対する尊重報恩は、社会生活上の基本的道義というべく、このような自然的情愛ないし普遍的倫理の維持は、刑法上の保護に値す

---

54. 旧刑法第200条　「自己又ハ配偶者ノ直系尊属ヲ殺シタル者ハ死刑又ハ無期懲役ニ処ス。」

る」。

「しかるに、自己または配偶者の直系尊属を殺害するがごとき行為はかかる結合の破壊であつて、それ自体人倫の大本に反し、かかる行為をあえてした者の背倫理性は特に重い非難に値する」。「このような点を考えれば、尊属の殺害は通常の殺人に比して一般に高度の社会的道義的非難を受けて然るべきであるとして、このことをその処罰に反映させても、あながち不合理であるとはいえない。そこで、被害者が尊属であることを」「法律上、刑の加重要件とする規定を設けても、かかる差別的取扱いをもつてただちに合理的な根拠を欠くものと断ずることはできず」、憲法14条1項には違反しない。

しかし、「加重の程度が極端であつて、前示のごとき立法目的達成の手段として甚だしく均衡を失し、これを正当化しうべき根拠を見出しえないときは、その差別は著しく不合理なもの」として違憲となる。

「刑法200条は、尊属殺の法定刑を死刑または無期懲役刑のみに限つている点において、その立法目的達成のため必要な限度を遥かに超え、普通殺に関する刑法199条の法定刑に比し著しく不合理な差別的取扱いをするものと認められ、憲法14条1項に違反して無効である」。

……いかがでしょうか。判旨とはいえなかなか複雑な文章で、論理の流れを追うのもひと苦労ですね。そこで、これをロジックフローとして整理してみましょう。

【ロジックフローの例】
尊属に対する尊重報恩という自然的情愛ないし普遍的倫理の維持は、刑法上の保護に値する。
↓　よって
尊属を殺害した者の背倫理性は特に重い非難に値する。
↓　よって
尊属であることを法律上、刑の加重要件としても、これがただちに合理的な根拠を欠くものとはならない。
↓　しかし
加重の程度が極端で、立法目的達成の手段として甚だしく均衡を欠くときは、著しく不合理といえる。
↓　そして
刑法200条が尊属殺の法定刑を死刑又は無期懲役刑のみに限っている点は、立法目的達成のため必要な限度を遥かに超え、著しく不合理な差別的取扱いである。
↓　よって
刑法200条は憲法14条1項に違反するため、無効である。

このようなロジックフローをつくることによって、判示の論理の流れが理解しやすくなります。ここでのコツは、接続詞などを目印にして前後の文章の関係に注目することです。

論文試験では、答案を書き始める前に解答の骨子を考える「答案構成」を行うよ。ロジックフローは、答案構成のときにも使えるね！

判例の射程を意識する

判例の射程とは

　ある判例で示された判断は、いついかなるときでも妥当するというものではなく、判例には「射程」があると考えられています。**判例の射程**とは、**判例の影響が及ぶ範囲**のことをいいます。言い換えると、どのような場合であればその判例をあてはめて同じように解決できるかという問題です。

　判例の射程が及ばない事件については、その判例をあてはめて考えることはできません。短く要約された判旨だけを読んでいると、あたかもその判例があらゆる場面で妥当するように思えます。しかし、判例を不用意に一般化することなく、いつでも判例の射程を意識する姿勢を忘れないでください。

別の事件　　　　　　　　　　判例

判例の射程の具体例

　たとえば、**信頼関係破壊の法理**という判例法理があります[55]。

---

55. 最判昭和39年7月28日民集18巻6号1220頁などを参照。信頼関係破壊の法理や債務不履行解除については、民法（債権各論）で勉強します。

債務不履行解除の一般原則によると、土地や建物の賃貸借においても、賃借人に債務不履行があれば、原則として賃貸人は契約を解除することができます（民法541条本文）[56]。しかし、土地や建物といった不動産は、賃借人の居住や事業の拠点となるものなので、わずかな債務不履行により容易に奪われてしまうべきではありません。

　このような価値判断から、判例は、「賃借人の債務不履行により賃貸人との信頼関係が破壊されたといえるような場合でなければ、賃貸人による債務不履行解除を認めない」という立場をとってきました、これを、信頼関係破壊の法理といいます。

　もっとも、以上で述べたような信頼関係破壊の法理の趣旨は、不動産の賃貸借にのみあてはまり、動産の賃貸借の場合には基本的にあてはまりません。したがって、一般に、**信頼関係破壊の法理を判示した判例の射程は不動産の賃貸借にのみ及び、動産の賃貸借には及ばない**と考えられています。

---

56. 民法541条（催告による解除権）「当事者の一方がその債務を履行しない場合において、相手方が相当の期間を定めてその履行の催告をし、その期間内に履行がないときは、相手方は、契約の解除をすることができる。ただし、その期間を経過した時における債務の不履行がその契約及び取引上の社会通念に照らして軽微であるときは、この限りでない。」

判例の射程のむずかしさ

　もっとも、「この判例の射程はここまでです」ということを、判例自体が明示してくれることはほとんどありません。また、それぞれの判例の射程についての理解は人によって異なり、一義的に決まっているわけでもありません。

　したがって、最終的にはみなさん自身の頭で判例の射程を考えていくことが求められます。その際には、判例の前提となった事実関係、問題となる規定や制度の趣旨目的、判例が出た社会的背景など、さまざまな切り口から判例を分析してみることが必要になります。

■少数意見や下級審判決にも目をとおす

　判例を読むという場合、普通は「最高裁判所の法廷意見」を思い浮かべることが多いと思います。しかし、重要な判例については、ぜひその少数意見や下級審判決も一読してみることをおすすめします。

少数意見は宝の山！？

　153ページで説明したとおり、最高裁判所の判決文には、法廷意見以外に少数意見（補足意見、意見、反対意見）が付されることがあります。これらは法廷意見のおまけのように思われがちですが、決してそうではありません。

　まず、**補足意見や意見を読むことで、法廷意見に対する理解を深めたり、それとは異なる視点を学ぶ**ことができます。たとえば、駅構内のビラ配布などに対する処罰の合憲性が問題となった事件[57]に

---

57. 最判昭和59年12月18日刑集第38巻12号3026頁。

おいて、公共の場所における表現活動に関するパブリック・フォーラム論に言及した伊藤裁判官の補足意見は、表現の自由について1つの重要な示唆を与えてくれるものということができます。

　他方で、**反対意見を読むことによって、法廷意見とは結論が異なる考え方の筋道を知る**ことができます。いわゆる「君が代」ピアノ伴奏拒否事件[58]において、法廷意見は、市立小学校の入学式で音楽教師に「君が代」のピアノ伴奏を命じた職務命令は憲法19条に違反しないと判断しました。この判例の当否を論じるためには、当時大きな注目を集めた藤田裁判官の反対意見の検討が不可欠であるといえるでしょう。

　よくいわれるように、法律の議論に絶対の正解というものはありません。したがって、判例を読む際には、単に法廷意見を鵜呑みにするのではなく、少数意見を参考にして判例を立体的に理解することが必要になります。そのため、少数意見は、法律を勉強するみなさんにとって「宝の山」ともいえる存在なのです。

---

58. 最判平成19年2月27日民集61巻1号291頁。ここで紹介した2つの判例については、どちらも憲法（人権）で勉強します。

165ページに登場した尊属殺重罰規定に関する判例にも、少数意見がたくさん出てくるね。各裁判官の意見の対立がよくわかって、面白いよ！

下級審判決の使い方

　判例雑誌などには、最高裁判所の判例だけでなく、その事件の下級審判決も掲載されていることがあります。なかなか下級審まで目をとおすことはむずかしいかもしれませんが、これが勉強の役に立つことも少なくありません。

　まず、事実審である下級審の判示は、**事件の詳しい事実関係を知る**のに役立ちます。

　また、下級審の判示から、**裁判所がどのような具体的事実に着目して法律の要件を検討しているのかがわかる**場合もあります。たとえば、どんな事実があれば不法行為（民法709条）の過失が認められるかということは、下級審判決から知ることができます。

その4 判例学習のツール

　ここでは、判例学習に役立つ文献や判例の探し方を紹介します。それぞれの長所・短所に応じて、さまざまなツールを組み合わせて使うとよいでしょう。

　なお、「判例付き六法」については126ページで説明したので、そちらも参照してください。

■いつでも手元に置いておきたい学習用判例集

「判例百選」シリーズなどで基本判例を押さえる

　定評のある学習用判例集としては、別冊ジュリスト**「判例百選」シリーズ**（有斐閣）が挙げられます。これは、その法律を勉強する人なら必ず押さえておきたい基本判例の事案・判旨・解説が、見開き2ページにコンパクトにまとめられているものです。

　このようなまとめ方をしている学習用判例集は他にもありますので、使い勝手のよいものをいつでも手元に置いておきましょう。

「判例セレクト」や「重要判例解説」で新しい判例にも対応

　「判例百選」シリーズなど、基本判例を掲載した判例集では新しく出た重要判例に対応できていない場合があります。

　そこで、年に1回、過去1年間の重要判例を1冊にまとめて発刊される法学教室別冊付録**「判例セレクト」**（有斐閣）や、ジュリスト臨時増刊**「重要判例解説」**（有斐閣）なども便利です。近時注目

を集めた判例は各種試験にも出題される可能性が高いため、これらの判例集も重宝されています。

学習用判例集の注意点

　学習用判例集の多くは、1つの判例につき見開き2ページなどというようにレイアウトが定型化され、初学者にも読みやすいよう工夫されています。しかし、このような学習用判例集では事案や判旨が短く要約され過ぎており、重要な箇所が引用されていないことが多々あります。また、掲載判例ごとに執筆者が異なる場合が多く、引用や解説の仕方が統一されていない点にも注意が必要です。

　そこで、少人数の大学教授が執筆や編集を担当したり、レイアウトが定型化されておらず事案や判旨が比較的長く引用されている学習用判例集も市販されているので、そういったものもチェックしてみるとよいでしょう。

■詳しく調べるには判例雑誌

　重要な判例について詳しく調べたい場合には、「**判例時報**」（判例時報社）や「**判例タイムズ**」（判例タイムズ社）といった実務家向けの雑誌に目を向けてみましょう。これらの雑誌は最新判例の背景・要旨・意義などだけでなく、判決文全文や下級審の判決文なども掲載しているため、判例学習には非常に役立ちます。

　また、詳細な判例評釈や判例解説が掲載されている雑誌としては、「**ジュリスト**」（有斐閣）、「**法学教室**」（有斐閣）、「**法学セミナー**」（日本評論社）なども定評があります。

■ より深く知りたくなったら──民集・刑集と最高裁判所判例解説

判例をより深く勉強したい場合には、**民集**や**刑集**に掲載された判例の解説集である、**最高裁判所判例解説**が非常に役立ちます。

そもそも民集・刑集とは

判例を引用する際、裁判年月日などの後に、「民集」や「刑集」といった用語が使われていることがあります。これは、最高裁判所による公式な判例集の略称です。

民集の正式名称は**最高裁判所民事判例集**、刑集の正式名称は**最高裁判所刑事判例集**といいます。これらは、最高裁判所の委員会が重要な判例を厳選して発行する、日本で最も権威のある判例集だということができます[59]。

たとえば、142ページに登場した「最大判昭和62年9月2日民集41巻6号1423頁」の場合、最高裁判所民事判例集第41巻6号の1423ページに掲載されている判例であることを意味しています。

最高裁判所判例解説で一流の解説をチェック！

民集や刑集に掲載された判例について、その事件を担当した最高裁判所調査官による解説を集めたものが、**最高裁判所判例解説**という文献です。最高裁判所調査官とは、最高裁判所裁判官の指示により過去の裁判例や学説の調査などを行う実務のエキスパートです。

最高裁判所判例解説では、裁判官に最も近い立場で事件を担当していた最高裁判所調査官が、事件の争点に関する従来の裁判例や学説の傾向、結論にいたるまでの思考過程などを、詳細に解説してく

---

59. 大審院の時代は、公的な判例集として、大審院民事判決録（略称「民録」）と、大審院刑事判決録（略称「刑録」）というものがありました。

れています。そのため、この解説は**判例の立場を正確に理解するために最も有力な資料**の1つであるということができます。

　もっとも、最高裁判所判例解説の内容はあくまで解説に過ぎず、判例そのものではないことには注意が必要です。

> 民集・刑集や最高裁判所判例解説を個人で買うのはむずかしいので、大学の図書館などに所蔵がないかチェックしてみよう！

■インターネットで検索

　ここまでは紙媒体の文献を紹介してきましたが、今日ではインターネットを利用して判例を探すこともできます。

無料で利用できる裁判所ウェブサイト

　インターネットを利用した判例検索で最もおすすめなのが、裁判所のウェブサイト内にある**裁判例情報**というページです[60]。このページを使えば**誰でも無料**で**判例や裁判例の情報を得る**ことができ、**判決文の全文をPDFファイルとして手に入れる**ことも可能です。

　このページに収録されている判例・裁判例の数は後述する契約データベースよりは少ないものの、教科書に出てくる基本判例の多くはカバーされています。

豊富な機能と情報が自慢の契約データベース

　他方で、契約をすることで利用できる**有料の契約データベース**も

---

60. 裁判所ウェブサイトのURLは、以下のとおりです。
　　http://www.courts.go.jp

存在します。サービス内容は会社によって異なりますが、これらのデータベースは収録している判例・裁判例の数が多く、判例評釈へのリンク機能やキーワード検索機能も充実している点で、非常に便利なものです。ロースクールなどが法人契約を結んでいて、学生であれば無料で利用できる場合もあります。

契約データベースには、以下のような種類があります。

【契約データベース】
・LEX／DB（TKC）
・Lexis AS ONE（LexisNexis）
・判例秘書（LIC）
・Westlaw Japan　など

略称と引用表記の紹介

略称の紹介

最後に、判例を探しているときによく目にする、各種文献の略称を紹介しておきます。ここまでに登場した文献以外についても掲載しておきますので、参考にしてください。

最高裁判所民事判例集	民集	判例セレクト	セレクト
最高裁判所刑事判例集	刑集	法律時報	法時
大審院民事判決録	民録	判例評論	判評
大審院刑事判決録	刑録	法曹時報	曹時
判例百選	百選	金融法務事情	金法
判例タイムズ	判タ	金融・商事判例	金判
判例時報	判時	私法判例リマークス	リマークス
ジュリスト	ジュリ	法律新聞	新聞
重要判例解説	重判解	労働判例	労判

■ 引用表記の方法

　略称を使って、下記のように判例や裁判例が表記される場合もあります。これらの引用表記に慣れておくと、判例を検索するのに役立ちます。

【引用表記の例】

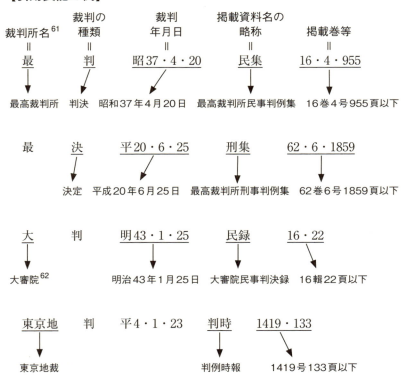

---

61. 最高裁判所の大法廷については、「最大」または「最（大）」と表記する場合があります。小法廷については原則として「最」のみで表記しますが、たとえば第一小法廷の場合には「最一小」というように、「最○小」という形で小法廷を表記する場合もあります。
62. 大審院連合部判決の場合には、「大連判」と表記されます。

その5 判例学習の3レベル
──目的と重要度に合った学習法

　ここまで判例の読み方を説明してきましたが、人によって判例を学習する目的はさまざまで、一つひとつの判例の重要度にも差があります。そのため、本書で説明した方法があらゆる場面で必要となるわけではありません。限られた時間のなかで最大の成果を上げるためには、メリハリをつけた勉強をする必要があります。

　そこで、ここでは**学習の目的**と**判例の重要度**という観点から、判例の勉強の仕方を3つのレベルに分けて提案します。勉強を進める際の1つの目安にしてみてください。

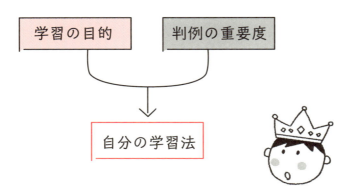

■ レベル① 結論だけ覚える

　判例学習の第1段階は、**結論だけ覚えればOK**というものです。たとえば以下のような場合には、教科書や学習用判例集を確認し、判例の結論を覚えておけば足りるといえるでしょう。

> 【レベル①　結論だけ覚える】
> 〈学習の目的〉
> ●資格試験でマークシート式・短答式試験を受験する場合
> ●仕事で法律実務の知識が必要になる場合
> 〈判例の重要度〉
> ●教科書で結論のみが示されているものなど、重要度の低い論点についての判例
> ●法律家の間で、ある種の常識として確立している判例

レベル②　学習用判例集を読み込む

　判例学習の第2段階は、**学習用判例集に記載された事案や判旨を読み込む**というものです。みなさんが目にする多くの判例は、このレベルにあたるといえるでしょう。レベル②に該当するのは、以下のような場合です。

> 【レベル②　学習用判例集を読み込む】
> 〈学習の目的〉
> ●大学法学部で法律を学ぶ場合
> ●資格試験や大学の定期試験で、論文試験を受験する場合
> 〈判例の重要度〉
> ●教科書で詳しく解説されている重要な論点についての判例
> ●従来から学説と判例が対立している論点についての判例

　このレベルにおいては、このStepの「その2」で学んだように、**事実関係と当事者の請求を把握し、争点を意識しながら判旨を読んでいくことが大切**です。また、学習用判例集の引用では不十分な場合には、「その3」で紹介したコツを使いながら、実際の判決文に

も目をとおしてみましょう。

■ レベル③　判決文と判例解説に挑戦する

　判例学習の第3段階は、**実際の判決文、最高裁判所判例解説、判例雑誌に掲載されている判例解説**などを参考にして、**判例の意義や射程を吟味する**方法です。必要に応じて少数意見や下級審判決にも目をとおすと、より理解が深まります。

　このレベルに該当するのは、以下のような場合です。

【レベル③　判決文と判例解説に挑戦する】
〈学習の目的〉
- 大学法学部や法科大学院で勉強が進んできた段階
- 司法試験の論文試験突破を目指す場合

〈判例の重要度〉
- 最新の論点を扱っているなど、法律家の間で注目を集めている判例
- 示唆に富み、非常に重要だと評価されている判例

STEP 9

実際の判例に挑戦しよう

―判例学習実践編―

その1 民法判例を読む
——多彩なバリエーションを知ろう！

　最後のStepでは、各法律分野の実際の判例を題材にしながら、判例に対する洞察力を養っていきましょう。まずは、民法に関わる判例から始めたいと思います。

■ **民法判例は百面相!?——民法判例の特徴**

> 判例の2つの役割——「法令の有権的解釈」と「法創造機能」

　判例には大きく分けて2つの役割があるといわれています。
　1つ目の役割は、**法令の解釈を明らかにする**ことです。法令を具体的な事件に適用するためには、解釈が必要になる場合があります。そして、さまざまな解釈の余地がある条文についても、最高裁判所により国家の最終判断が示されることで、その解釈が実務を支配することになるのです。これを、判例による**法令の有権的解釈**と呼びます。
　2つ目の役割は、法令の欠缺を補うために**法を創造**することです。140ページで説明したとおり、法令には「欠けているところ」があります。判例は、この法令の欠缺を補うために、ある種の法を自ら創り出す役割も担っているのです。これを判例の**法創造機能**と呼びます。

> 民法判例のさまざまな「顔」

　判例の役割という観点から各法分野の判例を比較すると、刑法では罪刑法定主義が妥当するため、刑法判例が法創造機能を発揮することはあまりありません。したがって、刑法判例の主な役割は法令の有権的解釈ということになります。他方で、憲法はもともと条文の数が少なく規定も抽象的なので、判例が積極的に法創造機能を果たす場合が多いといえます。

　これに対し、民法判例は、事案によって法令の有権的解釈を行う場合もあれば、法創造機能を果たす場合もあります。この**バリエーションの多さ**が、民法判例の1つの特徴といえるでしょう。民法判例のこの特徴を知ってもらうため、以下では、民法判例のさまざまな「顔」を紹介します。

法令の有権的解釈──民法177条の「第三者」

　法令の有権的解釈の具体例としては、72ページで紹介した、民法177条の「第三者」の解釈が挙げられます。

　72ページでは、同条の「第三者」は「当事者及びその包括承継人以外の者であって、登記の欠缺を主張する正当な利益を有する者」に限ると解されていることを説明しました。これは、最高裁判所の前身である大審院が示した有権的解釈で、以後この解釈が実務のいわば常識となっています。

そして、その後最高裁判所は、「背信的悪意者は、登記の欠缺を主張するについて正当な利益を有しないものであって、民法177条にいう第三者に当らない」とし、第三者の範囲にさらに絞りをかけました[63]。背信的悪意者とは、不当に利益をあげたり他人の利益を害する意図をもつ者など、登記の欠缺を主張することが信義に反する者をいいます。

　この考え方は**背信的悪意者排除論**と呼ばれ、有権的解釈の1つとして現在でも実務を支配しています。

判例の法創造機能——バリエーションを実感しよう

　次に、判例の法創造機能の具体例を見てみることにしましょう。以下のように、さまざまなバリエーションが存在することがわかります。

①条文にない基本原則を宣言した判例

　現在の民法1条は「基本原則」を定めており、その3項は「権利の濫用は、これを許さない」と規定して、**権利濫用禁止の原則**を明らかにしています。もっとも、当初からこのような明文の規定があったわけではなく、判例法理が昭和22年の民法改正に際して立法化され、平成16年の改正で口語化されたものです。

　昭和10年のいわゆる宇奈月温泉事件[64]は、温泉引湯管がほんのわずかに無断で敷設されている荒地を見つけた者が、これに目をつけてその土地を買い受け、引湯管の所有者に対して引湯管の撤去か法外な値段での土地買取りを請求した事件です。

---

63. 最判昭和43年8月2日民集22巻8号1571頁参照。
64. 大判昭和10年10月5日民集14巻1965頁。

大審院は、このような請求は所有権の目的に反し、その機能の範囲を逸脱するものであると判示しました。その結果、この請求は権利の濫用に他ならないとされ、認められませんでした。

　この判決は、当時は条文になかった**権利濫用禁止の原則**を宣言し、この原則を確立したものと解されています[65]。

②社会の実態に適合する法を創った判例

　その時代の社会に必要とされるルールが未だ立法化されていない場合に、**社会の実態に適合する法を判例が形成する**場合もあります。その代表例が、内縁関係についての判例です[66]。

　内縁とは、実質的には夫婦関係にありながら、届出がないため法律婚とは認められない男女関係をいいます。最判昭和33年4月11日民集12巻5号789頁は、内縁も法律上の「婚姻に準ずる関係」であるとしてその保護の必要性を認めたうえで、「内縁を不当に破棄された者は、相手方に対し婚姻予約の不履行を理由として損害賠償を求めることができるとともに、不法行為を理由として損害賠償を求めることもできる」と判示しました。

---

65. 権利濫用禁止の原則については、民法（総則）で勉強します。
66. 内縁については、民法（親族）で勉強します。

これは、社会の実態として内縁関係がもつ意味の重要性に鑑みて、社会の実情に適合するように、判例が内縁関係の保護を認めたものであるということができます。

③抽象的な文言を具体化した判例

民法の条文のなかには、もともと非常に抽象的な文言が使われていて、その具体的な適用は裁判官の判断に委ねられているものがあります。たとえば、「公の秩序又は善良の風俗」（90条）、表見代理における「正当な理由」（110条）、不法行為における「過失」（709条）などがこれにあたります。

このような規定については、民法の条文は法の外枠だけを用意し、裁判所がその中身を埋めていく役割を担います。そして、**抽象的な条文の内容を具体的に明らかにすること**も、判例の法創造機能の1つであると考えられています。

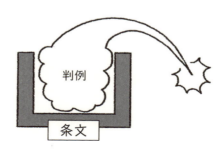

④条文の類推適用により制度を補完した判例

判例が、**ある制度の欠陥を補完するために条文の類推適用を用い**る場合もあります。

たとえば、日本では不動産の登記に公信力[67]が認められていないため、虚偽の登記を信頼して登記名義人から不動産を買った人は、原則として不動産の所有権を取得することはできません。しかし、結論の妥当性という観点から、登記を信頼して不動産を買った人を保護するべき場合もあります。

そこで、最判昭和45年9月22日民集24巻10号1424頁は、このような場合に民法94条2項を類推適用し、登記名義人から不動産を買った人の所有権取得の可能性を認めました。この判例は、実質的には登記に公信力を与えたのと同じ効果を実現させることで、法制度の欠陥を補完したものと評価できます[68]。

⑤条文を実質的に修正する判例

判例のなかには、**民法が定める条文を実質的に修正した**と考えられるものもあります。

168ページで紹介した、信頼関係破壊の法理を思い出してみてください。この理論は、民法541条の文言を変えずに、この条文が適用される場面を制限するものであるといえます。したがって、信頼関係破壊の法理を採用した最判昭和39年7月28日民集18巻6号1220頁は、民法541条を実質的に修正したものと評価することができるでしょう。

---

67. 公信力とは、権利の存在を推認させる外形（登記など）がある場合に、真実の権利が存在しないときにも、その外形を信頼して取引をした者に対し、真実の権利が存在したのと同じ効果を認める効力のことをいいます。
68. 民法94条2項の類推適用については、民法（総則）で勉強します。

その2 刑法判例を読む
——「コツ」はこう使う！

■共同正犯と共謀共同正犯

　刑法分野では、刑法総論で最も重要な論点の1つである、**共謀共同正犯**に関する2つの判例を取り上げます。

　そもそも、刑法60条の**共同正犯**とは、二人以上の者が共同して犯罪を実行することをいいます。そして、共謀共同正犯とは、実行行為を行わなかった者であっても、共謀に参加した場合には共同正犯としての罪責を負うという理論です。

　たとえば、XとYが強盗の共謀をし、Xは見張り役、Yが実行犯役を担当した場合を考えてみてください。このとき、共謀共同正犯の理論によると、強盗の実行行為を行っていないXにも共同正犯が成立し得ることになります。

■練馬事件——共謀共同正犯には「謀議」が必要

　共謀共同正犯に関する1つ目の判例は、昭和33年の**練馬事件**[69]です。まずは、以下の事案と判旨を読んでみてください。

> 【練馬事件（事案）】
> XとYは、Vらに対して暴行を加えることを計画した。その後、Vに暴行することについて、XYとZら8名による順次の共謀がなされた。Zら8名はVに暴行を加えて死亡させたが、Xと

---

69. 最大判昭和33年5月28日刑集12巻8号1718頁。

Ｙはその現場におらず、暴行の実行行為にも加わらなかった。ＸとＹに傷害致死罪の共謀共同正犯が成立するか。

【判旨】
「共謀共同正犯が成立するには、二人以上の者が、特定の犯罪を行うため、共同意思の下に一体となつて互に他人の行為を利用し、各自の意思を実行に移すことを内容とする<u>謀議</u>をなし、よつて犯罪を実行した事実が認められなければならない。」ＸＹについては、「直接実行行為に関与しない者」でも、「共謀に参加した事実が認められる以上」、共謀共同正犯の成立が認められる。

Ｚら8名が暴行 → Ｖ死亡

　判旨の波線部からわかるとおり、この判例は、**共謀共同正犯が成立するためには「謀議」が必要である**と判示しました。謀議という言葉の解釈には争いがありますが、一般的には、明示的な意思連絡（犯罪の計画について相談することなど）を指すと考えられています。判例は、共謀に参加したＸとＹについてはこの要件を満たすとして、共謀共同正犯の成立を認めました。

■スワット事件——あなたならどうする!?

検察官の立場で考えよう

　次に、共謀共同正犯に関する2つ目の判例として、平成15年の**スワット事件**[70]について検討していきましょう。この事件の判旨は後ほど紹介するので、まずは事案だけを読んでみてください。

> 【スワット事件（事案）】
> 暴力団組長Xが遊興等の目的で上京した際、スワットと呼ばれるボディガードの組員Yらが、警護のために常にXの近辺で行動を共にした。Yらは、Xから直接の命令を受けることなく拳銃を装備しており、Xもそのことを承知していた。Xに、拳銃を不法所持する罪[71]の共謀共同正犯が成立するか。

　事案が頭に入ったら、練馬事件の判旨を念頭に置きつつ、この事件に関する次の問題を考えてみてください。

---

70. 最決平成15年5月1日刑集57巻5号507頁。
71. 拳銃の不法所持は、銃砲刀剣類所持等取締法で禁止されています。

【問】
あなたは、Xを起訴した検察官である。
Xの弁護人は、「練馬事件は、共謀共同正犯が成立するためには謀議が必要であるとしたが、本件ではXはYらに対し命令をしていない。よってXとYらの間に謀議が認められないから、共謀共同正犯は成立しない」と主張している。
検察官であるあなたは、裁判所に共謀共同正犯の成立を認めてもらうために、弁護人の主張に対してどのような反論をすべきか？

　たしかに、本件ではXとYらとの間に拳銃の所持に関する謀議の存在は認められません。そのため弁護人の主張はもっともなようにも思えますが、検察官としては、この主張に対してどのような反論をすることができるのでしょうか。Part 8で学んだことを思い出しつつ、下記のヒントを参考にして、一度みなさん自身で考えてみてください。

【ヒント】
練馬事件判決は、あらゆる共謀共同正犯についてあてはまる判例だろうか？

反論──練馬事件判決の射程はスワット事件に及ばない

　このヒントは、168ページで勉強した「判例の射程」という言葉と関係しています。
　もし検察官が、スワット事件と練馬事件とは事案が異なり、練馬事件判決の射程はスワット事件には及ばないことを示すことができれば、謀議が認められないスワット事件において共謀共同正犯の成立を認めても、練馬事件判決に反したことにはなりません。

実は、スワット事件では、裁判所は上記のような考え方に立ち、共謀共同正犯の成立を認めたと考えられます。以下では、その判旨と深澤裁判官の補足意見を読んでみましょう。

練馬事件の射程がスワット事件に及ばなければ、スワット事件では、謀議（明示的な意思連絡）を共謀共同正犯の要件とする必要はなくなるね。

■スワット事件判決の立場

判旨と補足意見

> 【判旨】
> 「前記の事実関係によれば、XとYらとの間にけん銃等の所持につき黙示的に意思の連絡があったといえる。そして、YらはXの警護のために本件けん銃等を所持しながら終始Xの近辺にいてXと行動を共にしていたものであり、彼らを指揮命令する権限を有するXの地位と彼らによって警護を受けるというXの立場を併せ考えれば、実質的には、正にXがYらに本件けん銃等を所持させていたと評し得るのである。したがって、Xには本件けん銃等の所持について、（中略）共謀共同正犯が成立するとした第1審判決を維持した原判決の判断は、正当である。」

　まず波線部に着目すると、本件では黙示的な意思連絡が認められています。しかし、これによって謀議（明示的な意思連絡）があったということはできず、実際この判例においては、具体的な謀議の存在を認定した箇所はありません。

それにもかかわらず、なぜ共謀共同正犯の成立が認められたのでしょうか？ そのヒントは、深澤裁判官の補足意見に隠されています。

> 【深澤裁判官補足意見（抜粋）】
> 練馬事件は、「犯罪の謀議にのみ参加し、実行行為の現場に赴かなかった者の共同正犯性を判示したものであって、Ｘを警護するため、その身辺で組員がけん銃を所持していた本件とは、事案を異にするものである。」

スワット事件判決の意義

深澤裁判官の補足意見では、**練馬事件とスワット事件では事案を異にすること**が明言されています。

その大きな理由は、練馬事件は、被告人は犯行時に犯行現場におらず、実行行為者と行動を共にすることもなかった事例であるのに対し、スワット事件は、被告人（組長）が、犯行時に犯行場所付近で実行行為者（スワットら）と行動を共にしていたという点が挙げられます。そのため、「共謀共同正犯が成立するためには謀議が必要である」という**練馬事件判決の判例の射程**は**スワット事件**には及ばず、謀議がないスワット事件においても、事案の全体像を総合的に考慮して、共謀共同正犯の成立を認めたのです[72]。

---

72. 共謀共同正犯の成立を認めた背景として、補足意見では以下の事情が指摘されています。
①Ｘは組長としてＹらに対し圧倒的に優位な支配的立場にあり、Ｙらはその強い影響の下にあったこと。②ＸはＹらの実行行為により、自己の身辺の安全が確保されるという直接的な利益を得ていたこと。③Ｘは、ＹらがＸを警護するためけん銃等を所持していることを確定的に認識していたこと。

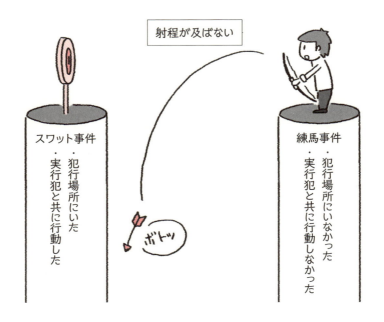

　このような理解を前提とすると、スワット事件判決は、**謀議がない場合にも共謀共同正犯が成立し得る**ことを明らかにしたという点に意義があるといえます。つまり、共謀共同正犯には、謀議によって成立が認められる場合（cf.練馬事件）もあれば、謀議以外の他の要素によって成立が認められる場合（cf.スワット事件）もあると理解することができるのです。

■「コツ」を使って判例を読み解く

　共謀共同正犯に関する2つの判例は、Step 8で勉強した「判例理解のコツ」を用いることで、理解が深まるものでした。2つの判例によってみなさんに実感してもらいたかったことは、以下の3点です。

第一に、**少数意見をよく読む**ことの大切さです。スワット事件判決においては、深澤裁判官の補足意見を読むことで、法廷意見の立場をよりよく理解することができました。

　第二に、**判例の射程を考える**ことの大切さです。スワット事件判決によって、練馬事件判決の射程は、被告人が実行行為者と行動を共にしたりその近辺にいるようなケースには及ばないことが明らかになりました。そしてこのことが、２つの事件を矛盾なく理解するためのカギとなりました。

　第三に、**事案を把握する**ことの大切さです。２つの事件の事案をよく読まずに、両者を単に「共謀共同正犯の成否が問題となった事案」とだけとらえていては、上記のように判例の射程を考えることはできません。繰り返しになりますが、判例を読むときには事案と判示をセットで理解することが重要です。

「コツ」をうまく活用すれば、判旨を読むだけではわからなかったことが見えてくるね！

その3 憲法判例を読む
——従来の理解は正しいか？

　一般に、憲法は判例の勉強が大切であるといわれます。その理由は、憲法の条文は数が少なく、非常に抽象的な定め方をしているため、判例の法創造機能が特に重要となるからです。

■ 2つの判例と規制の目的

　憲法分野では、経済的自由に関する違憲審査基準を考えるうえでカギとなる重要判例を取り上げます。

　既存の薬局から一定の距離内では新たな薬局の開設を認めない薬事法の規定の合憲性が争われた**薬事法事件**においては、いわゆる**消極目的規制**が問題となりました。これに対し、小売市場（小規模な小売店舗が多く集まる建物）の開設に都道府県知事の許可を必要とする制度の合憲性が争われた**小売市場事件**では、いわゆる**積極目的規制**が問題となりました[73]。

　消極目的規制とは、国民の生命及び健康に対する危険を防止・除去するための規制をいいます。一方、積極目的規制とは、福祉国家の理念に基づき、経済発展や社会的弱者の保護のためになされる規制のことをいいます。

---

73. 薬事法事件：最大判昭和50年4月30日民集29巻4号572頁。
　　小売市場事件：最大判昭和47年11月22日刑集26巻9号586頁。
　　消極目的規制・積極目的規制という考え方については、憲法（人権）の経済的自由権の分野で勉強します。

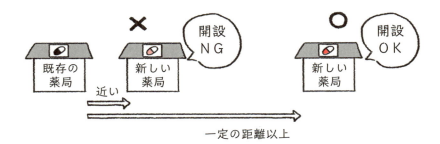

国民の生活や安全を守るために最低限必要となる規制を消極目的規制と言うよ。一方で、経済発展や弱者保護のため、社会に積極的に働きかけていく規制のことを積極目的規制と呼ぶんだね。

違憲審査基準に関する従来の理解

まず、それぞれの判例が示した違憲審査基準を確認しましょう。

薬事法事件判決は、より制限的でない他に選び得る手段（Less Restrictive Alternative）がある場合には違憲とする旨を示しました。この基準は、頭文字をとって**LRAの基準**と呼ばれています。

他方で、小売市場事件判決は、問題となる規制について「立法府がその裁量を逸脱し、当該法的規制措置が著しく不合理であることの明白である場合に限って、これを違憲」とすべきであると判示しました。この基準は**明白性の原則**と呼ばれています。

違憲審査基準としては、LRAの基準はかなり厳格な基準であり、明白性の原則はかなり緩やかなものであるということができます。かつてはこの2つの判例について、薬事法事件判決は「消極目的規制の場合にはLRAの基準を用いる」ことを明らかにし、小売市場事件判決は「積極目的規制の場合には明白性の原則を用いる」ことを明らかにしたものであると理解されていました。

しかし今日では、このような理解の仕方には疑問が呈されています。ここでは、薬事法事件の判旨にじっくりと目をとおし、この疑問の意味を考えていくことにしましょう。

判旨をじっくり読んでみよう

薬事法事件判決の判旨

では早速、薬事法事件判決の判旨を読んでみてください。

> 【判旨】
> 「①一般に許可制は、単なる職業活動の内容及び態様に対する規制を超えて、狭義における職業の選択の自由そのものに制約を課するもので、職業の自由に対する強力な制限であるから、その合憲性を肯定しうるためには、原則として、重要な公共の利益のために必要かつ合理的な措置であることを要し、また、②それが社会政策ないし経済政策上の積極的な目的のための措置ではなく、自由な職業活動が社会公共に対してもたらす弊害を防止するための消極的、警察的措置である場合には、許可制に比べて職業の自由に対するよりゆるやかな制限である職業活動の内容及び態様に対する規制によつては右の目的を十分に達成することができないと認められることを要するもの、というべきである。」（①②は筆者による加筆）

この判旨ではまず、①の部分で、「一般に許可制は職業の自由に対する強力な制限であるから、その合憲性を肯定しうるためには、重要な公共の利益のために必要かつ合理的な措置であることを要する」という許可制の一般論が述べられています。そのうえで、②の部分で、「特にその規制が消極目的規制である場合には、LRAの基

準を用いる」ことが示されていることがわかります。

したがって、この判例は「消極目的規制の場合にはLRAの基準を用いる」と判示しているわけではなく、**「ある規制が許可制かつ消極目的規制である場合には、LRAの基準を用いる」**ことを明らかにしたものであるということができます。

許可制が「強力な制限」である理由

ではなぜ、この判例は「一般に許可制は職業の自由に対する強力な制限である」旨を判示したのでしょうか？

ここでは、**薬事法の規定は、薬局という職業へ新たに参入すること自体の許可制である**点に注目する必要があります。つまりこの規定は、商品の価格や施設の安全性などといった営業のあり方に関するレベルの問題ではなく、**知事の許可がない限り薬局を開くことそのものが不可能になる**というものです。

そのため、許可制は「職業の選択の自由そのものに制約を課するもの」であり、「職業の自由に対する強力な制限である」と判断されたのです。

> まとめ——薬事法事件判決の意義

　薬事法事件の判例は、許可制が職業の自由に対する強力な制限である点に着目し、「許可制かつ消極目的規制」の場合にはLRAの基準を用いることを明らかにしました。他方で、この判例は「消極目的規制であるが許可制でない」場合については判断を示していません。

　そのため、従来のような、「薬事法事件判決は、消極目的規制の場合にはＬＲＡの基準を用いることを明らかにしたものである」という理解には疑問が呈されているのです。

　最近ではこのように、規制の目的だけでなく、**規制の態様**（ある経済的自由の一部だけの制限か、職業そのものに制約を課する制限かなど）にも着目したうえで、判例が示した違憲審査基準を理解していく必要があるとする考え方が一般的になってきています。

■判例学習のおもしろさ

　薬事法事件判決に関する以上のような説明も、あくまで１つの考え方に過ぎません。この考え方の当否はともかくとして、ここでみなさんに強調したいのは、判例を勉強するといっても、**判例の理解の仕方は何とおりもある**ということです。したがって、１つの考え方を鵜呑みにするのではなく、判決文全体を見渡したり、他の判例と比較したりして、さまざまな観点から判例を検討することが大切です。

> １つの判例の理解にもさまざまな可能性があるという点が、判例学習の醍醐味だといえるね！

さくいん

ABC
- LRAの基準 …… 199

あ
- 後 …… 87
- 以下 …… 86
- 意見 …… 154
- 以後 …… 87
- 以上 …… 86
- 以前 …… 87
- 一般法 …… 45
- 違法 …… 95
- 宇奈月温泉事件 …… 186
- 枝番号付きの条文 …… 68
- 及び …… 82

か
- 下級審裁判例 …… 135
- 下級審判決 …… 151、172
- 学説 …… 16
- 拡張解釈 …… 70
- 慣習法 …… 21
- 議院規則 …… 41
- 棄却 …… 96
- 「君が代」ピアノ伴奏拒否事件 …… 171
- 却下 …… 96
- 強行規定 …… 55
- 共同正犯 …… 18、190
- 共謀共同正犯 …… 18、190
- 形式的効力の原理 …… 43
- 刑集 …… 175
- 契約データベース …… 176
- 権限 …… 98
- 権原 …… 99
- 原審 …… 144
- 原判決 …… 144
- 憲法 …… 36
- 権利濫用禁止の原則 …… 186
- 項 …… 60
- 号 …… 60
- 効果 …… 104
- 公訴 …… 96
- 控訴 …… 144
- 控訴審（第二審） …… 144
- 後段 …… 62
- 口頭弁論 …… 96
- 公判 …… 96
- 公法 …… 22
- 後法 …… 44
- 後法優先の原理 …… 44
- 小売市場事件 …… 198
- 拘留 …… 99
- 勾留 …… 99
- 超える …… 86
- コンメンタール …… 129

さ
- 罪刑法定主義 …… 74
- 最高裁判所 …… 15
- 最高裁判所規則 …… 40
- 最高裁判所刑事判例集 …… 175
- 最高裁判所判例解説 …… 175
- 最高裁判所民事判例集 …… 175
- 裁判例 …… 135
- 裁判例情報 …… 176
- 債務不履行解除 …… 169
- 参照条文 …… 123
- 三審制 …… 143
- 事件番号 …… 149
- 事件名 …… 149
- 事実審 …… 143
- 実体法 …… 23
- 実務 …… 19
- 私法 …… 22
- 縮小解釈 …… 71
- 趣旨規定 …… 64
- 主文 …… 152
- 準用する …… 92
- 条 …… 60
- 消極目的規制 …… 198

上告棄却	150
上告却下	150
上告審（第三審）	144
少数意見	153、170
少数説	16
上訴	96
条文	13
小法廷	146
条約	42
条理	22
省令	39
条例	41
信頼関係破壊の法理	168
推定する	88
スワット事件	192
成文法	20
政令	38
積極目的規制	198
前段	62
前法	44
総則	122
その他	91
その他の	90
尊属殺重罰規定	165

た

第一審	144
第三者	72、185
大審院	146
大法廷	146
多数説	16
ただし書き	63
中段	62
長が定める規則	41
通説	16
強い判例	142
定義規定	65
手続法	23
とき	97
時	97
特別法	45、124
特別法優先の原理	45

な

内閣府令	39
並びに	82
任意規定	54
練馬事件	190

は

背信的悪意者排除論	186
破棄差戻し	150
破棄自判	150
柱書	60
判決要旨	152
判示事項	151
反対意見	154
反対解釈	73
判例	14、134
判例付き六法	126
判例の拘束力	28
判例の射程	168、193
判例変更	140
判例法理	140
被告	96
被告人	96
不正	95
附則	53
不当	95
不文法	20
不法	95
文理解釈	69
別表	53
変更解釈	76
謀議	191
法源	20
法創造機能	184
法廷意見（多数意見）	153
法律	37
法律審	143
法令	36
法令解釈	69
法令データ提供システム	127
法令の有権的解釈	184
傍論	136

補足意見	154
本則	52
本文	63

ま

前	87
又は	78
見出し	58
みなす	89
未満	86
民集	175
明白性の原則	199
命令	37
目次	52、120
目的規定	64
若しくは	78
もちろん解釈	75
者	98
物	98

や

薬事法事件	198
有責配偶者からの離婚請求	141
有力説	16
要件	104
読替規定	92
弱い判例	142

ら

略称規定	67
理由	152
類推解釈	74
例とする	94
例による	93
論点	15
論理解釈	69

判例

大連判明治41・12・15 民録14-1276	72
大判昭和10・10・5 民集14-1965	186
大判昭和17・9・30 民集21-911	162
最判昭和33・4・11 民集12-5-789	187
最大判昭和33・5・28 刑集12-8-1718	190
最判昭和39・7・28 民集18-6-1220	168、189
最判昭和43・8・2 民集22-8-1571	186
最大判昭和43・11・13 民集22-12-2526	17
最判昭和44・2・28 民集23-2-525	71
最判昭和45・9・22 民集24-10-1424	189
最大判昭和47・11・22 刑集26-9-586	198
最大判昭和48・4・4 刑集27-3-265	165
最判昭和48・6・7 民集27-6-681	74
最大判昭和50・4・30 民集29-4-572	198
最判昭和59・12・18 刑集38-12-3026	170
最大判昭和62・9・2 民集41-6-1423	142
最決平成15・5・1 刑集57-5-507	192
最判平成15・9・12 民集57-8-973	147
最判平成19・2・27 民集61-1-291	171

主な参考文献

田島信威『最新 法令の読解法〔改訂版〕』ぎょうせい、2002年

長野秀幸『法令読解の基礎知識』学陽書房、2008年

中野次雄編、佐藤文哉、宍戸達徳、本吉邦夫、篠田省二
『判例とその読み方〔三訂版〕』有斐閣、2009年

池田眞朗編著、小林明彦、宍戸常寿、辰井聡子、藤井康子、山田文
『判例学習のA to Z』有斐閣、2010年

長谷部恭男編、石川健治編、宍戸常寿編
『憲法判例百選1〔第6版〕(別冊ジュリスト217)』有斐閣、2013年

佐久間毅『民法の基礎1— 総則〔第3版〕』有斐閣、2008年

佐久間毅『民法の基礎2— 物権』有斐閣、2006年

山本敬三『民法講義1— 総則〔第3版〕』有斐閣、2011年

山本敬三『民法講義4-1— 契約』有斐閣、2005年

内田貴『民法2〔第3版〕債権各論』東京大学出版会、2011年

伊藤真『伊藤真の法学入門 講義再現版』日本評論社、2010年

【著者】
品川 皓亮（しながわ　こうすけ）
1987年東京都生まれ。東京都立国分寺高校から京都大学総合人間学部に進学し、入学当初は哲学を専攻。現在に至るまで、仏教をはじめ東洋思想に興味を持つ。その後法学部に転部し、『これから勉強する人のための　日本一やさしい法律の教科書』（日本実業出版社）を上梓。大学生を中心に、幅広い年齢層から支持を集める。
2013年に京都大学総長賞を受賞。同年に京都大学法科大学院を卒業し、司法試験に合格。2015年1月からTMI総合法律事務所に弁護士として勤務した後、現在は、女性のライフキャリア支援事業に取り組むベンチャー企業である株式会社LiBに勤務。

【監修者】
土井 真一（どい　まさかず）
1966年生まれ。京都大学法学部卒。現在、京都大学大学院法学研究科教授。京都大学法学部助手、京都大学大学院法学研究科助教授などを経て、現職。専門は、憲法。

日本一やさしい条文・判例の教科書
2015年2月1日　初版発行
2021年11月10日　第4刷発行

監修者　土井真一　M.Doi 2015
著　者　品川皓亮　©K.Shinagawa 2015
発行者　杉本淳一

発行所　株式会社日本実業出版社　東京都新宿区市谷本村町3-29 〒162-0845
　　　　編集部　☎03-3268-5651
　　　　営業部　☎03-3268-5161　振　替　00170-1-25349
　　　　　　　　　　　　　　　　　https://www.njg.co.jp/

印　刷／厚徳社　　製　本／共栄社

この本の内容についてのお問合せは、書面かFAX（03-3268-0832）にてお願い致します。
落丁・乱丁本は、送料小社負担にて、お取り替え致します。

ISBN 978-4-534-05251-3　Printed in JAPAN

日本実業出版社の本

好評既刊!

これから勉強する人のための
日本一やさしい法律の教科書

品川皓亮・著／佐久間 毅・監修

定価 本体 1600 円（税別）

現役・京大法科大学院生が教える「六法」のエッセンス！

法律書は、とかく文字ばかりでとっつきにくいもの。本書では、著者と生徒のポチくんとの会話を通じて、六法（憲法、民法、商法・会社法、刑法、民事訴訟法、刑事訴訟法）のエッセンスをやさしく解説！　はじめて法律を学ぶ学生・社会人にピッタリな1冊です。

定価変更の場合はご了承ください。